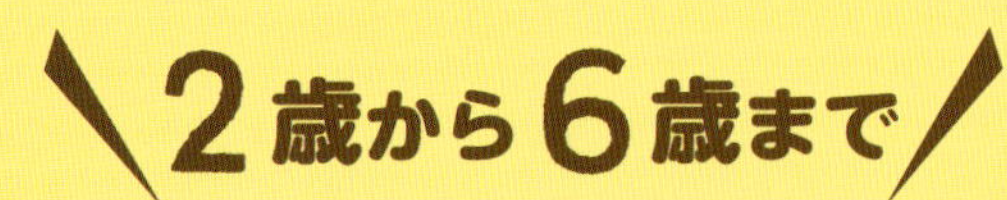

12か月

年齢別 おりがみ12か月

CONTENTS

●折り図記号●

- 谷折り線
- 山折り線
- 谷に折る（表側に折る）
- 山に折る（裏側に折る）
- 裏返す
- 向きを変える
- 拡大した図

4月のおりがみ

5月のおりがみ

6月のおりがみ

10月のおりがみ

11月のおりがみ

12月のおりがみ

●2歳で出合うおりがみ●

小倉隆子（日本折紙協会折紙講師）

紙を丸めたり破いたりしていた乳児も、おおむね２歳になると手指が発達し、紙を折りたためるようになります。無造作に折ったり角を折り上げたりするなかで、子どもの興味に寄り添いながら折りの技法を教えていけるのがこの頃ではないでしょうか。無限に広がる子どもの想像力を大切にしながら、段階を踏まえ、「１枚の紙」が「形」へと変化する楽しさを伝えていきたいですね。

7月のおりがみ

8月のおりがみ

9月のおりがみ

1月のおりがみ

2月のおりがみ

3月のおりがみ

※難易度は子どもの発達をふまえた目安です。2~3歳児 3~4歳児 4~5歳児 の３つに分けていますので、クラスの実態に応じてご活用ください。

4月のおりがみ

Point

❤じゃばらに折った不織布を使って、立体的に羽を表現。やさしいパステルカラーで、春の雰囲気を演出しながら、子どもたちの作品を引き立てます。

壁面アイデア

3~4歳児 のチューリップを使って

チューリップ畑に春がきた♪

満開のチューリップ畑に、妖精たちがやってきました。広がる野原を濃淡の緑の画用紙で表現した壁面です。

チューリップ

広がる花びらが表現された
立体感のある仕上がりに。
色とりどりのチューリップを折って
花畑を作ってみましょう。

1

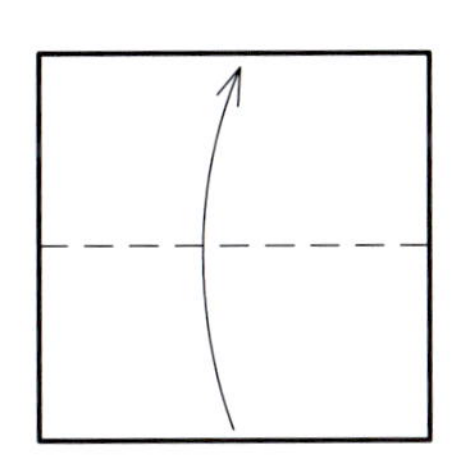
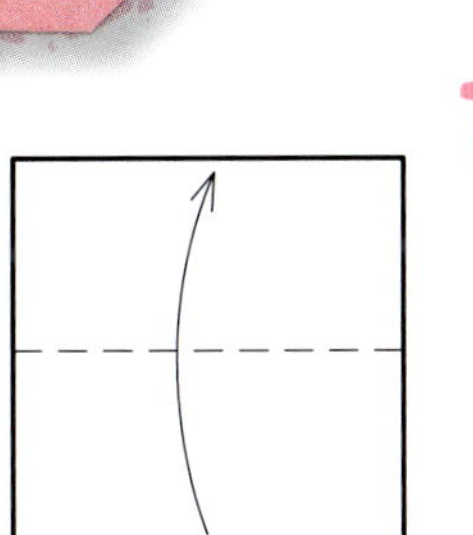

2

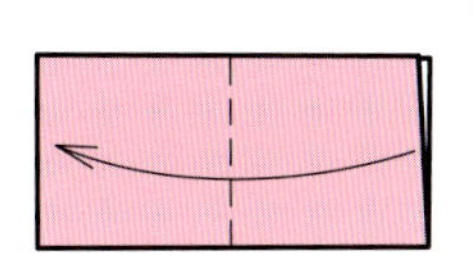

3

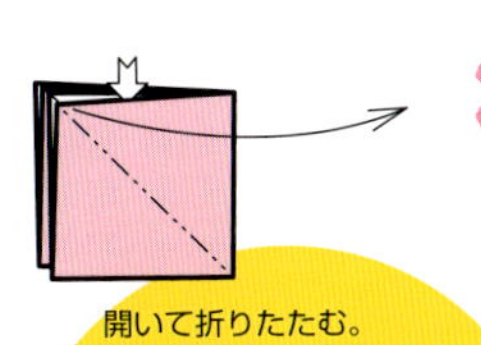

開いて折りたたむ。

ポケットの奥に指を入れて大きく開いてね。四角が三角に変身！

4

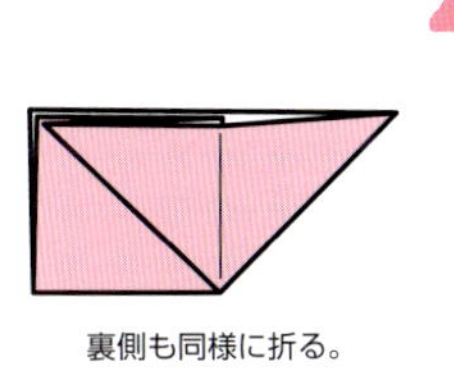

裏側も同様に折る。

5

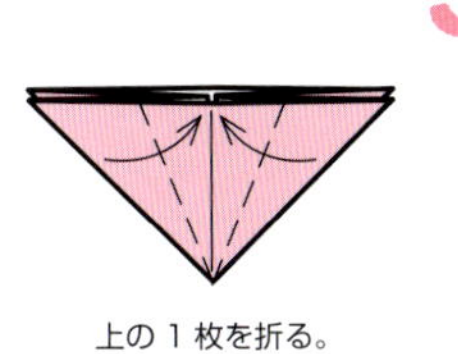

上の１枚を折る。

6

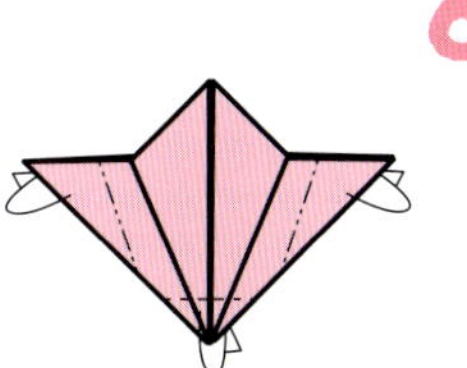
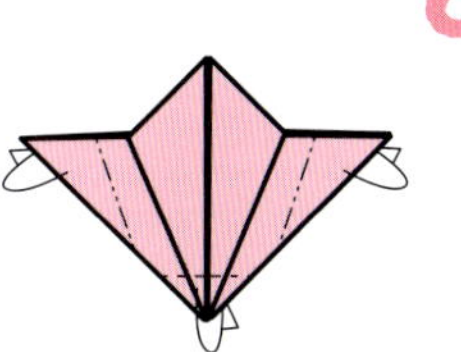

7

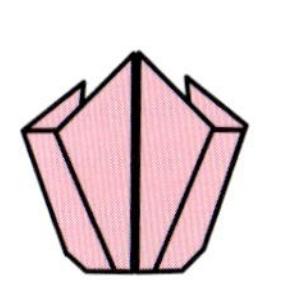

3~4歳児

チューリップ

少ない工程で折れるシンプルな
チューリップ。初めて折り紙に
挑戦する３～４歳児にも、
取り組みやすい作品です。

1

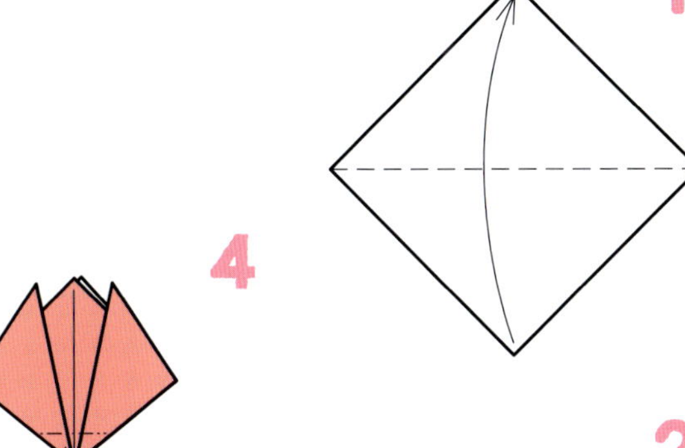

2

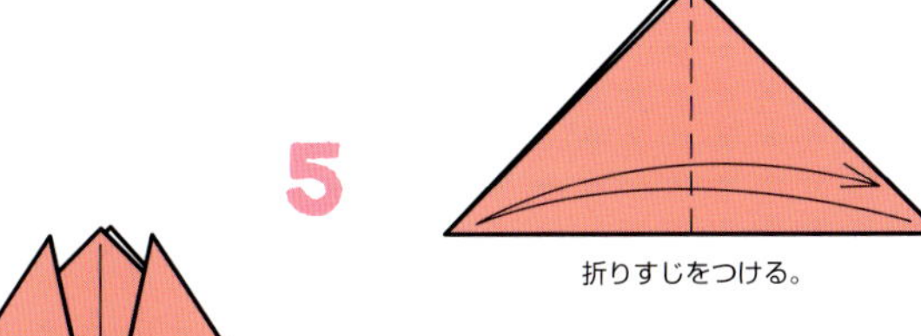

折りすじをつける。

3

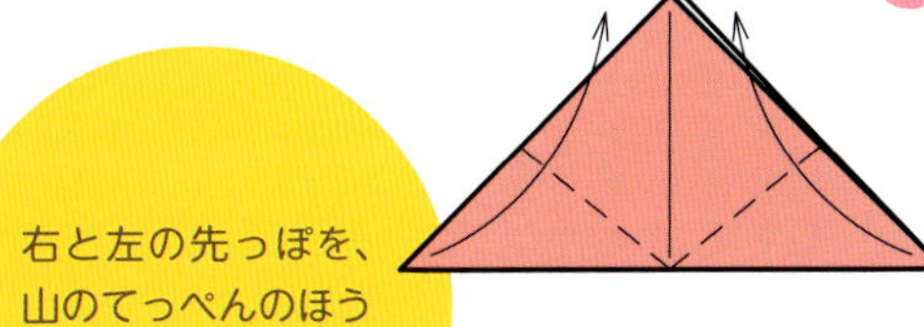

右と左の先っぽを、山のてっぺんのほうに持っていってね。

4

5

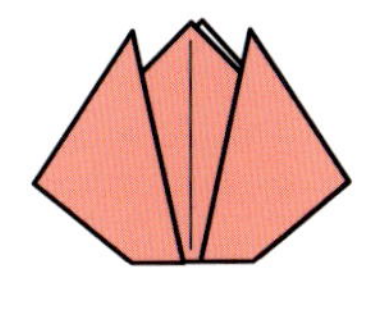

Point

❤紙テープをくるくるねじって、立体的につるを表現。白いいちごの花が、かわいらしさアップのアクセントに。

窓飾りアイデア

4～5歳児のいちごを使って

青空の下でいちごつみ

赤やピンクに色づいたいちごから、
あまずっぱい香りが漂ってきそう！
窓の外の青空に、
いちごとつるが色鮮やかに映えます。

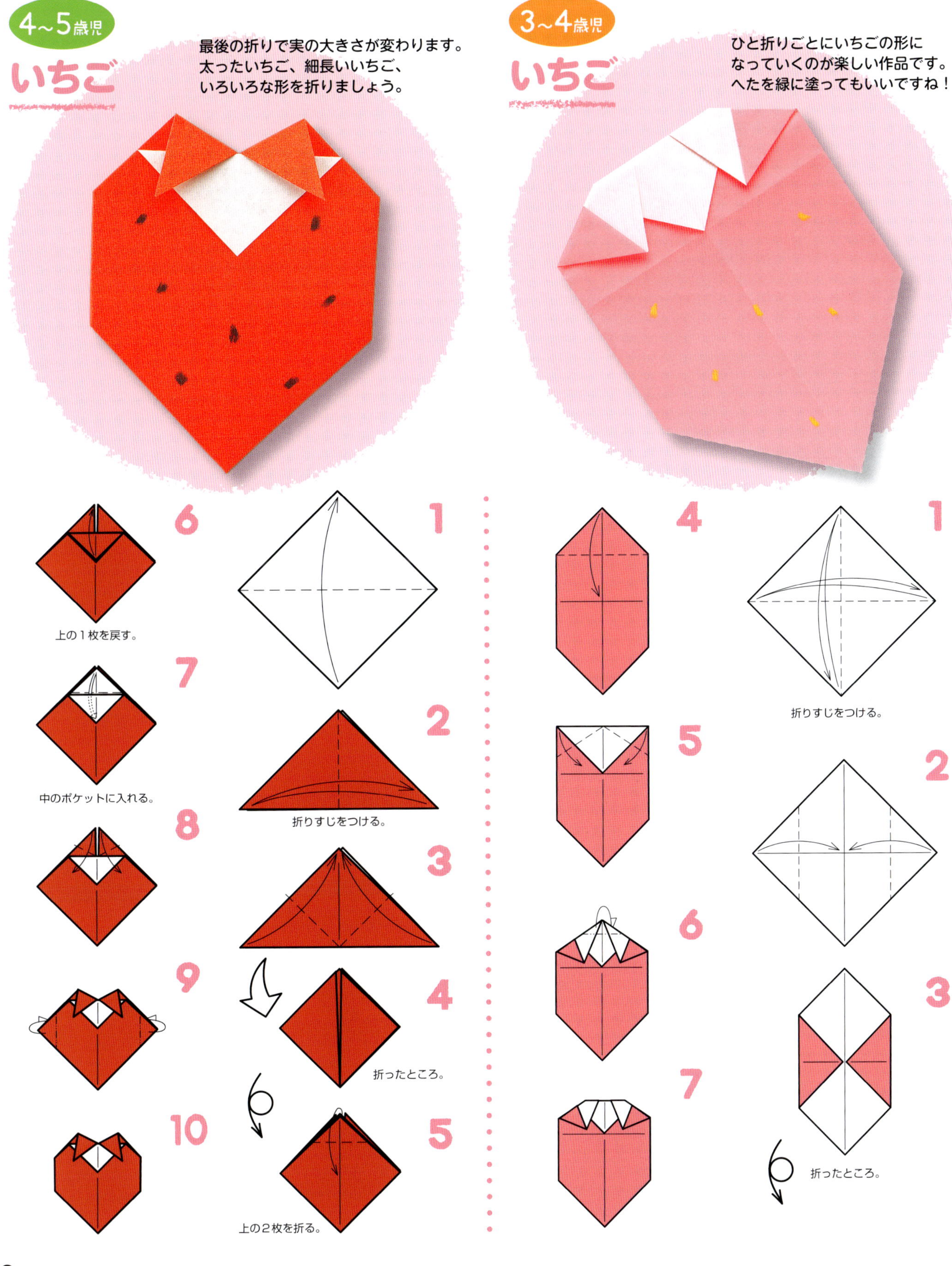
4~5歳児
いちご
最後の折りで実の大きさが変わります。
太ったいちご、細長いいちご、
いろいろな形を折りましょう。
1
2
折りすじをつける。
3
4
折ったところ。
5
上の2枚を折る。
6
上の1枚を戻す。
7
中のポケットに入れる。
8
9
10
3~4歳児
いちご
ひと折りごとにいちごの形に
なっていくのが楽しい作品です。
へたを緑に塗ってもいいですね！
1
折りすじをつける。
2
3
折ったところ。
4
5
6
7

3~4歳児
めだか
折り紙の白い面を生かした作品です。
自由に顔や模様を描いたら、
今にも泳ぎだしそうですね。
3~4歳児
たんぽぽ
中心に向かって角を折り進めて
いくと、かわいらしい
たんぽぽの形ができあがります。
1
折りすじをつける。
2
3
折ったところ。
4
5
折ったところ。
6
7
折ったところ。
8
9
1
折りすじをつける。
2
3
折ったところ。
4
5
6
7

4～5歳児
いぬ
垂れた耳としっぽがチャーミング！
１枚の折り紙から顔と体ができあがる
満足度の高い作品です。
1
2
3
開いて折りたたむ。
4
折ったところ。
裏側も同様に折る。
5
折りすじをつける。
6
1枚目を下に開いて
折りたたむ。
7
8
折ったところ。
9
10
11
4～5歳児
たんぽぽ
何度も折り重ねることで、
ふわっと広がる花びらを表現！
ボリューム感のある作品です。
1
折りすじをつける。
2
3
折ったところ。
4
5
6
後ろ側の三角の部分を開く。
7
8
9

ちょうちょう
2～3歳児
半分に切った折り紙をひと折りするだけ！
好きな色や模様の紙で、
自分だけのちょうちょうを作りましょう。
1
はじめに保育者が折り紙を
半分に切っておきます。
とんがりさんを
ぱったんしてみよう！
2
おかあさん指で
アイロンを
かけるよ。
ひらひら～

チューリップ

指でアイロンを２回かけたら、
チューリップが咲きました！
あえてずらして折ることで、
開いた花びらを表現しています。

5 月のおりがみ

4~5歳児 のこいのぼりを使って

スイスイ七色こいのぼり

色とりどりのこいのぼりが気持ちよさそうに泳ぐコーナー飾りです。作品の数に合わせて、ひもの長さや本数を変えて飾れます。

Point

❤大きなこいのぼりには、厚紙で作った三角形の裏当てをつけ、少し浮かせて固定。ひもは、ゆったりとしたカーブを描くように張ると、こいのぼりが薫る風にのって泳いでいるように演出できます。

4~5歳児

こいのぼり

細みの体で、風をきって泳ぐ姿が想像できますね。ピンと伸びた尾びれが印象的です。

1

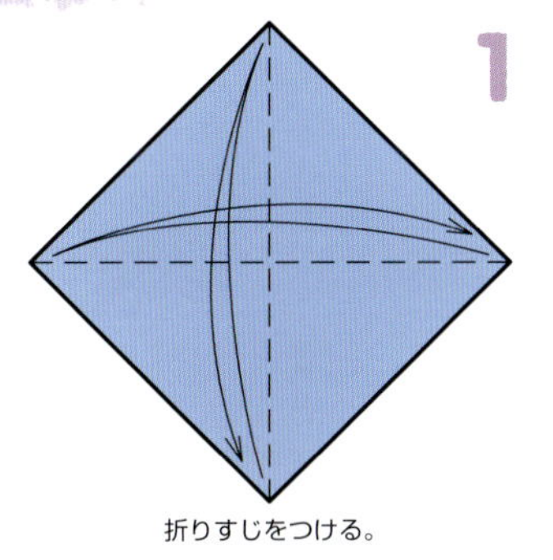

折りすじをつける。

2

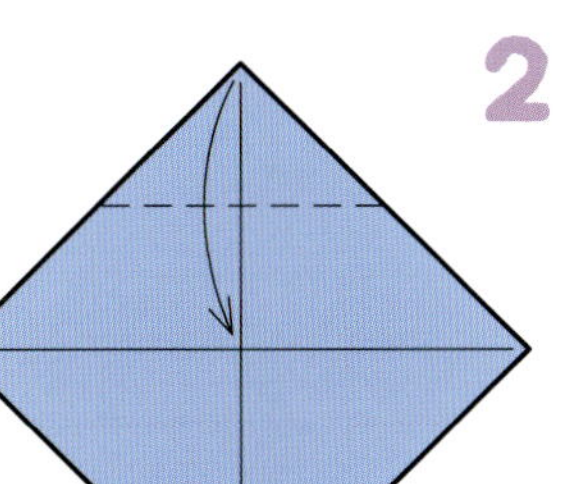

3

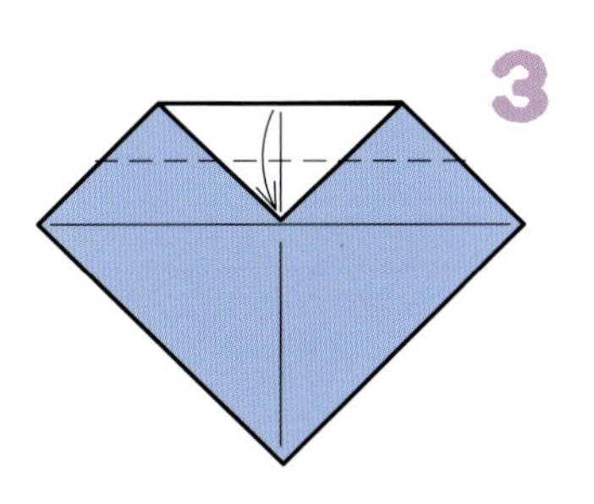

4

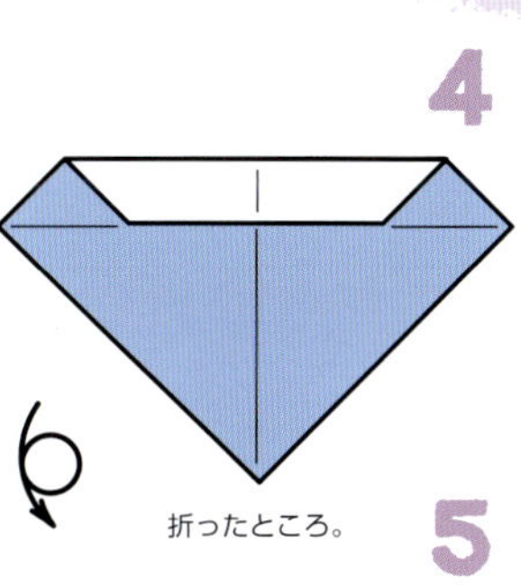

折ったところ。

5

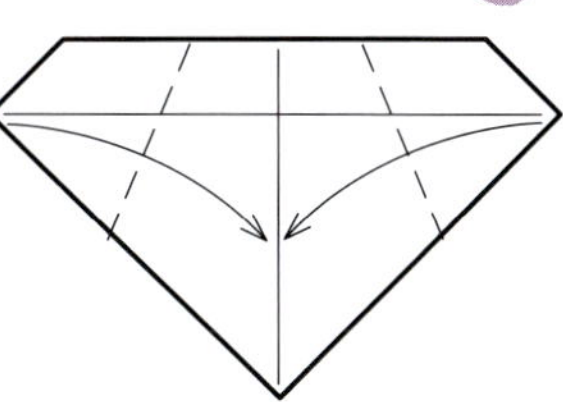

6

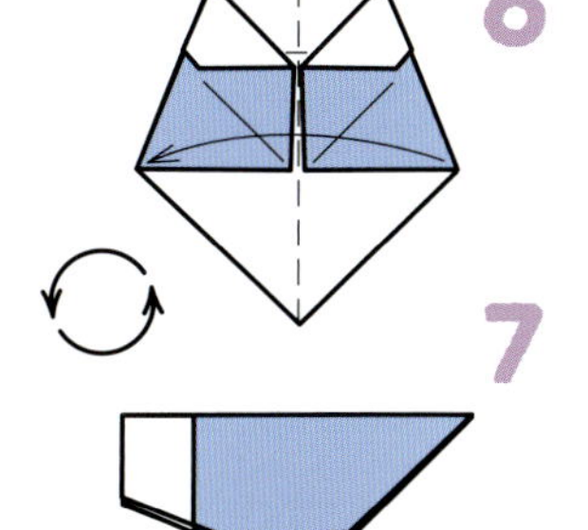

7

2枚一緒に折る。

8

こいのぼり

ころっとしたシルエットがかわいいこいのぼり。顔やうろこを描いて、イキイキと仕上げましょう。

1

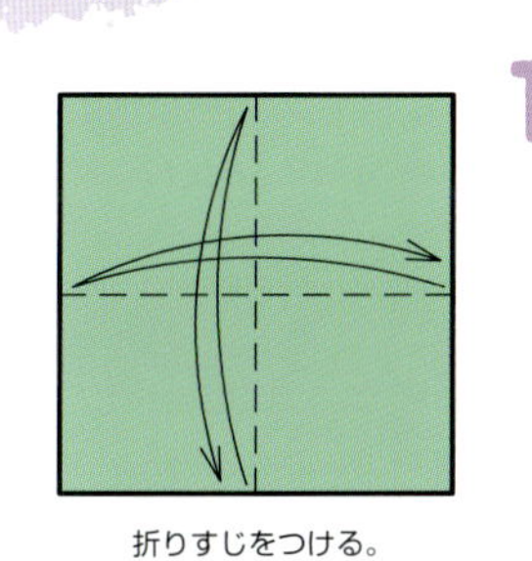

折りすじをつける。

2

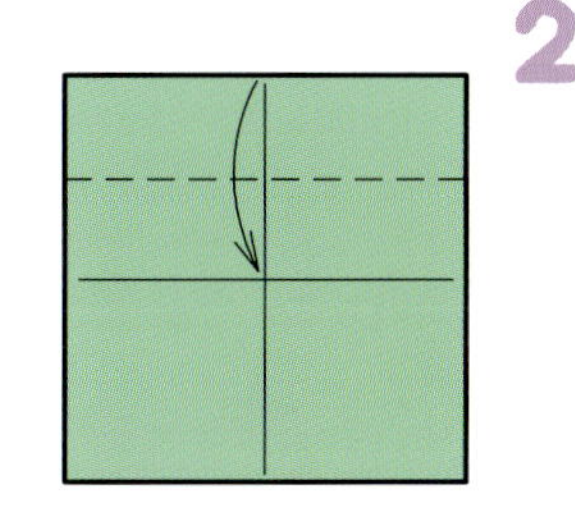

3

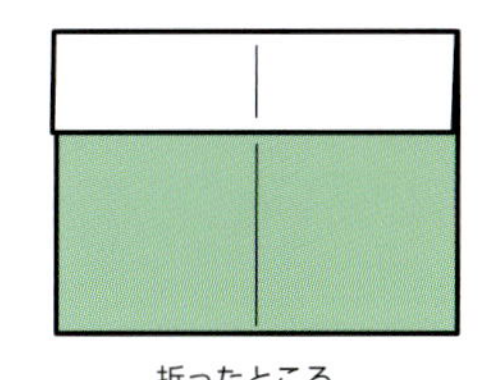

折ったところ。

4

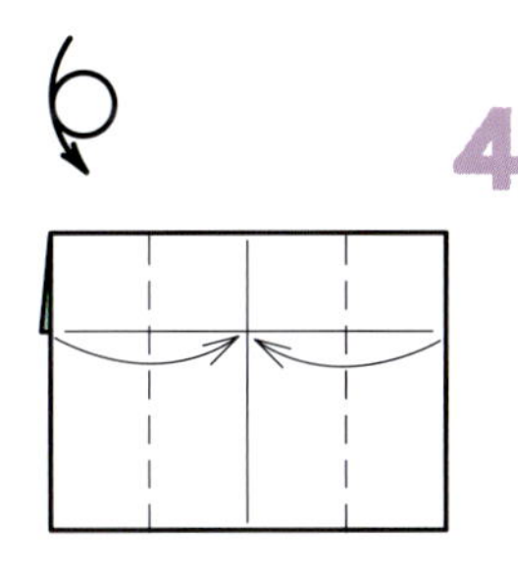

5

6

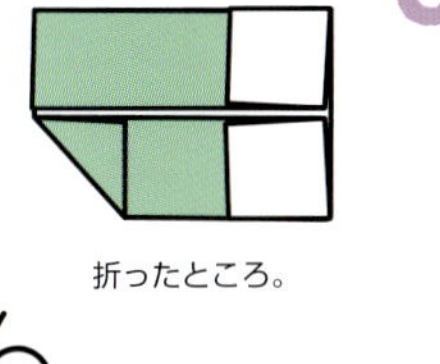

折ったところ。

7

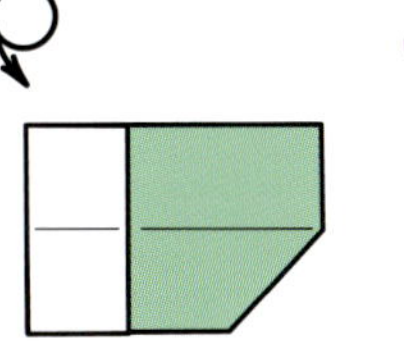

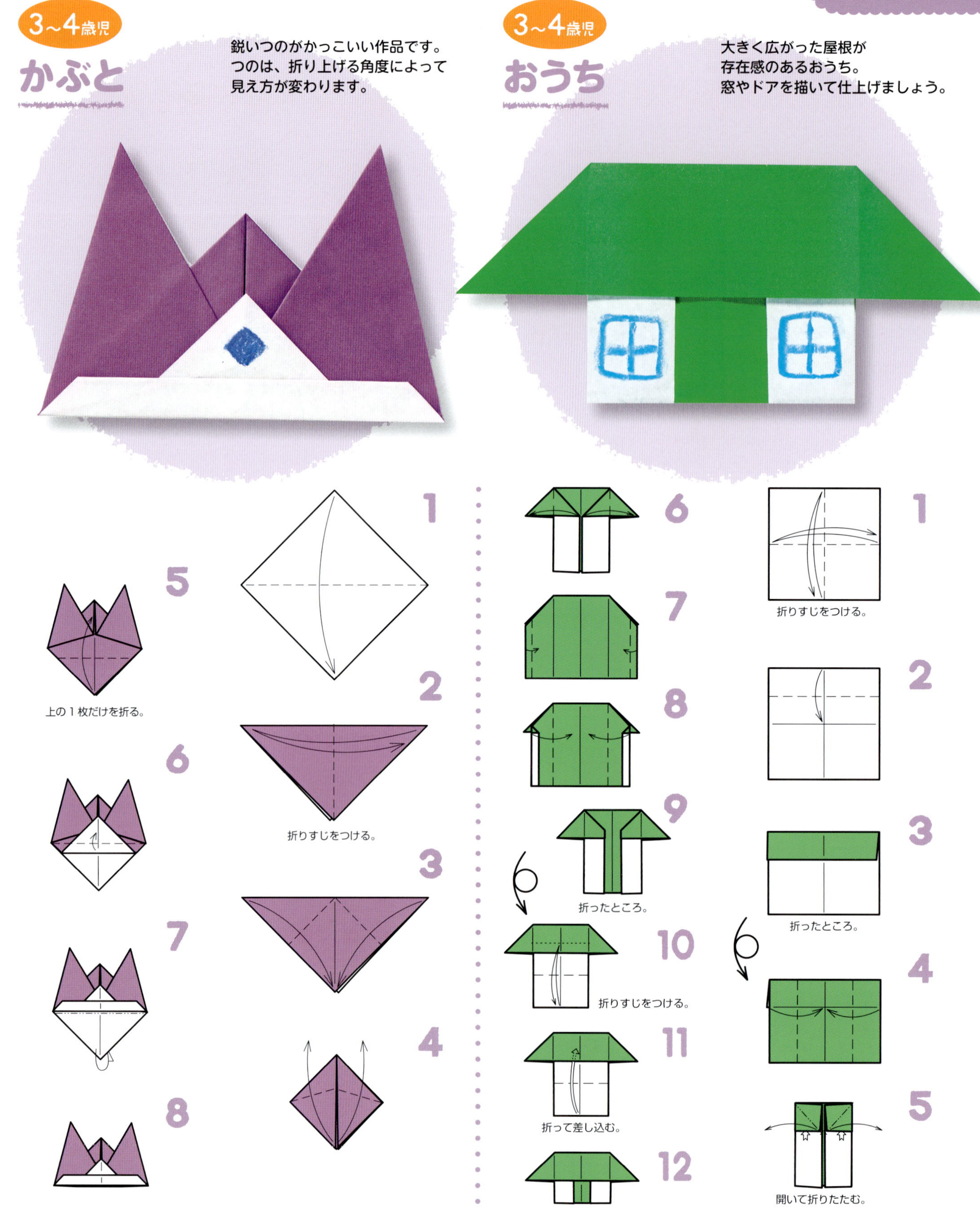
3～4歳児
かぶと
鋭いつのがかっこいい作品です。
つのは、折り上げる角度によって
見え方が変わります。
1
2
折りすじをつける。
3
4
5
上の１枚だけを折る。
6
7
8
3～4歳児
おうち
大きく広がった屋根が
存在感のあるおうち。
窓やドアを描いて仕上げましょう。
1
折りすじをつける。
2
3
折ったところ。
4
5
開いて折りたたむ。
6
7
8
9
折ったところ。
10
折りすじをつける。
11
折って差し込む。
12

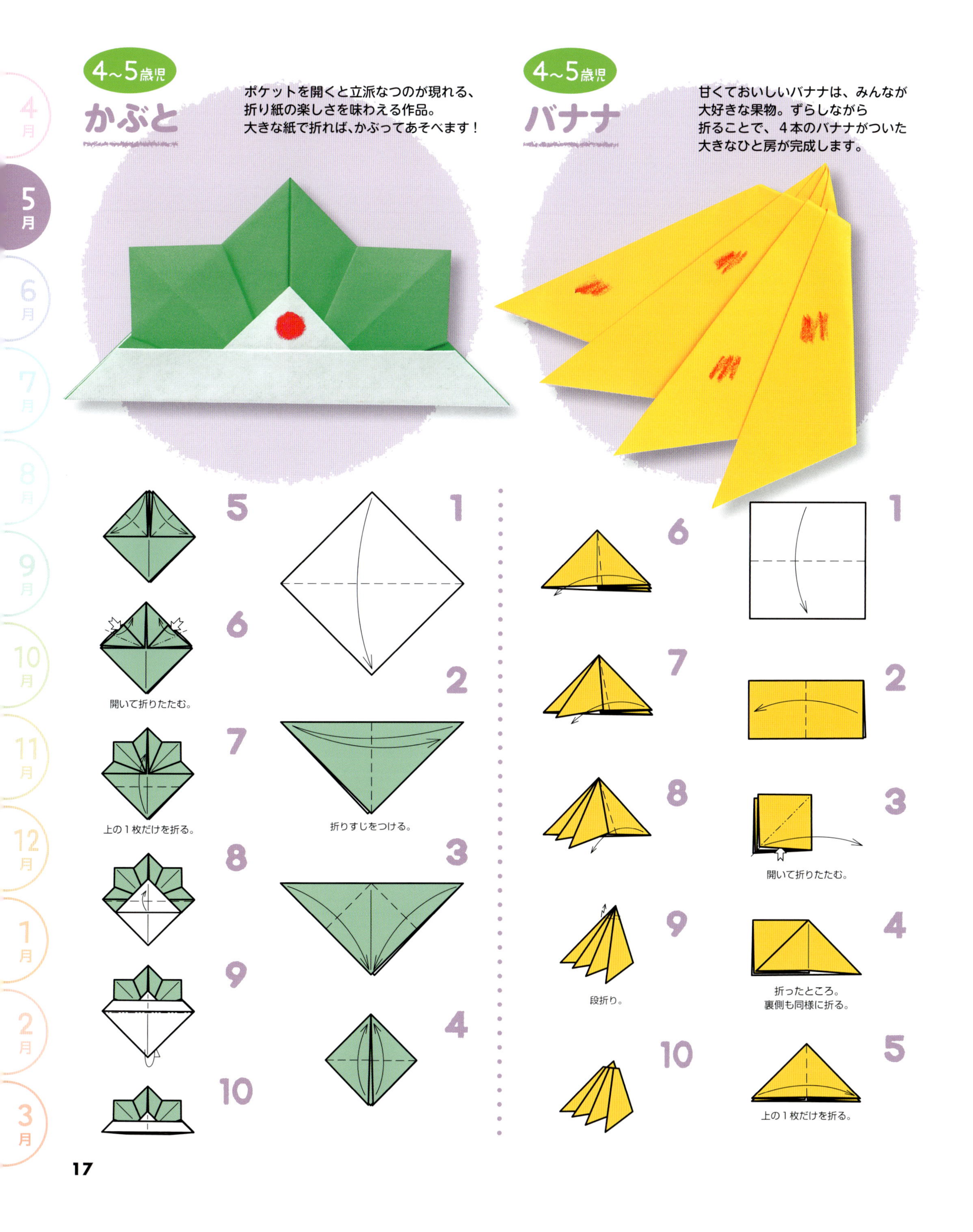
4〜5歳児
かぶと
ポケットを開くと立派なつのが現れる、
折り紙の楽しさを味わえる作品。
大きな紙で折れば、かぶってあそべます！
1
2
折りすじをつける。
3
4
5
6
開いて折りたたむ。
7
上の１枚だけを折る。
8
9
10
4〜5歳児
バナナ
甘くておいしいバナナは、みんなが
大好きな果物。ずらしながら
折ることで、４本のバナナがついた
大きなひと房が完成します。
1
2
3
開いて折りたたむ。
4
折ったところ。
裏側も同様に折る。
5
上の１枚だけを折る。
6
7
8
9
段折り。
10
4月
5月
6月
7月
8月
9月
10月
11月
12月
1月
2月
3月
17

おにぎり

2～3歳児

みんなの好きなおにぎりの具は何かな？
黒い点々を描いて、ごま塩をふりましょう。
赤い丸を描けば梅干しおにぎり！

はじめに保育者がえんぴつで×印をつけておくと、角を折るときの目印になってGOOD！

1

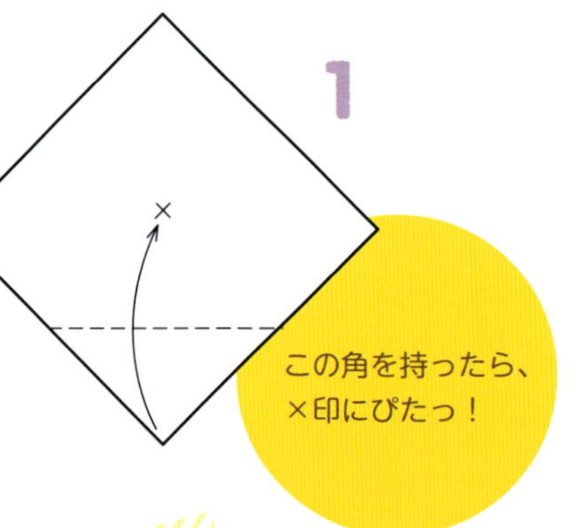

この角を持ったら、×印にぴたっ！

2

折った端っこをおかあさん指でピーッとアイロンするよ！

3

アレンジプラン

おかあさんとあかちゃん

大きさの違う折り紙で折ってみましょう。色違いの折り紙でたくさん折って、大家族を作っても楽しいですね。

いちご

色の面を上にして折りましょう。へたを緑に塗って、ポツポツと種を描いたらできあがり!

こいのぼり

四角い紙をまっすぐ折ってみましょう。
目や口などを描いて表情をつけると、
より楽しい作品になりますね！

丸く切った画用紙に白い絵の具でタンポして、青空に浮かぶ白い雲を表現。５月の空を泳ぐ、こいのぼりの壁飾りです。

6 月のおりがみ

窓飾りアイデア

3〜4歳児 のかたつむりを使って

かたつむりさん、みーつけた！

雨が降ると、かたつむりさんはおおよろこび！
ピンクのあじさいが、かたつむりの色や形を引き立て、
雨の日の空もパッと明るくなりますね。

Point

❤水色の画用紙に貼ったエアパッキンで、透明感のある雨粒を表現。表面のつぶつぶが、つやっと光ってきれい！

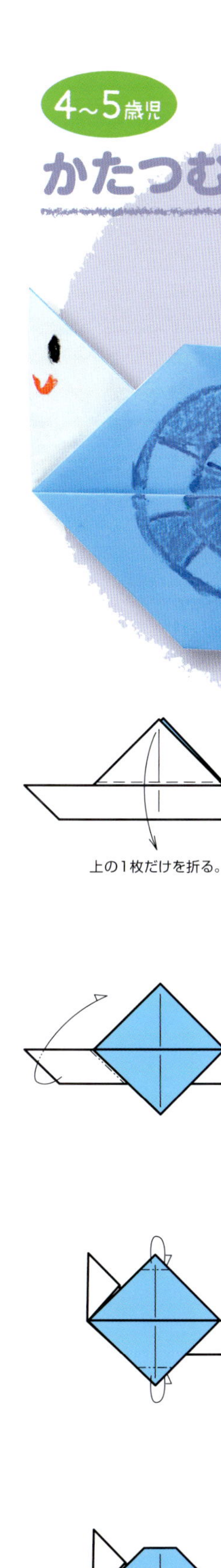

かたつむり

しっぽが長いかたつむり。
折りながらどんどん変化していく
形を楽しめる作品です。

1

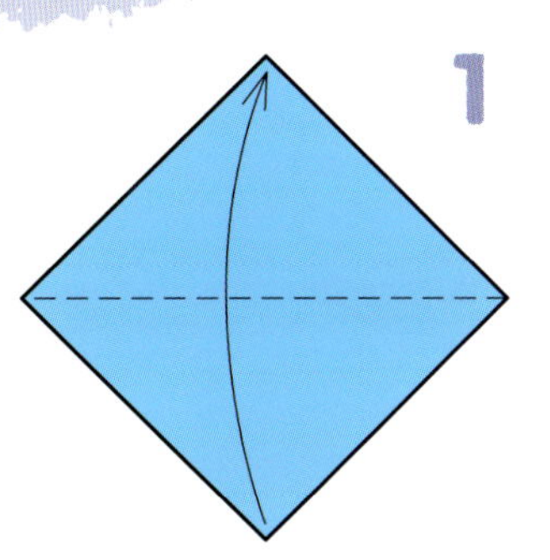

2

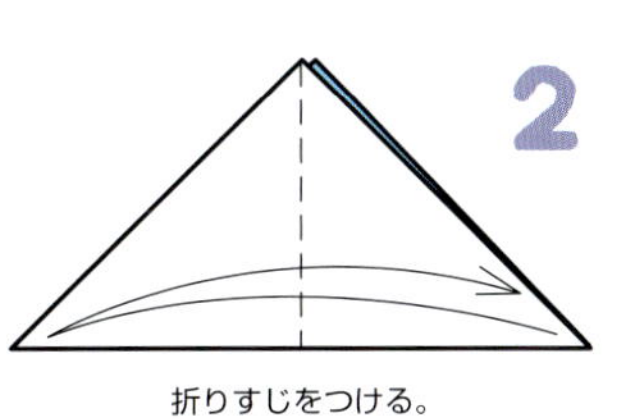

折りすじをつける。

3

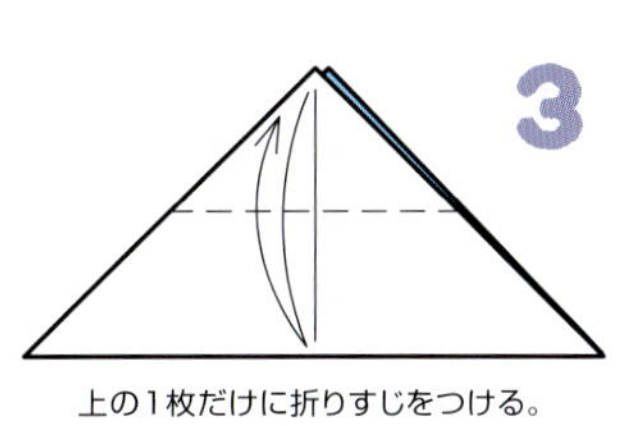

上の1枚だけに折りすじをつける。

4

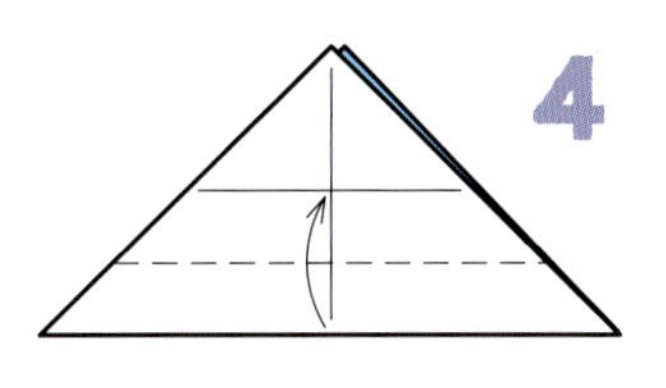

5

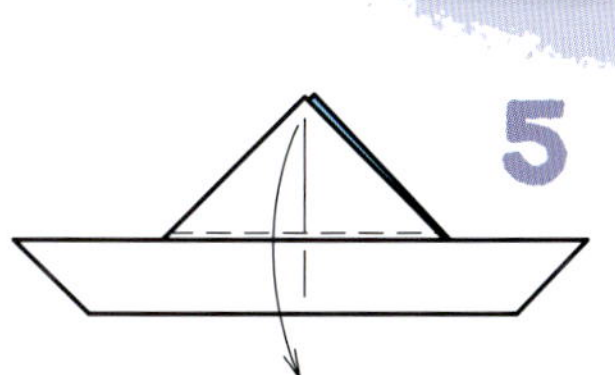

上の1枚だけを折る。

6

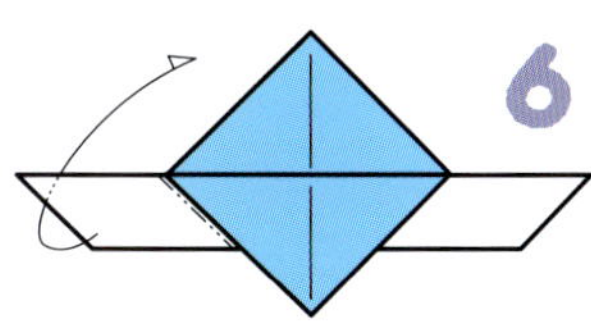

7

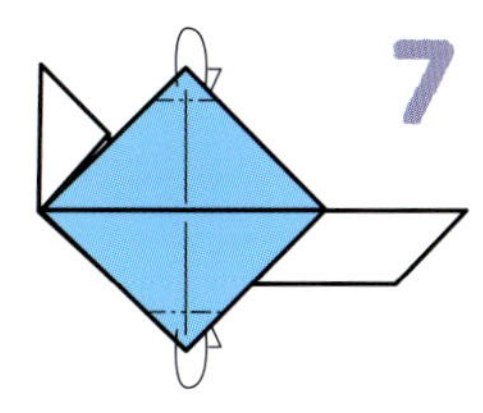

8

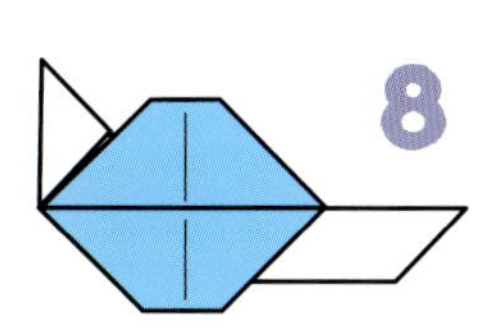

かたつむり

仕上げのひと折りで顔を出すかたつむり。
大きなからに、模様を描くのも
楽しみですね。

1

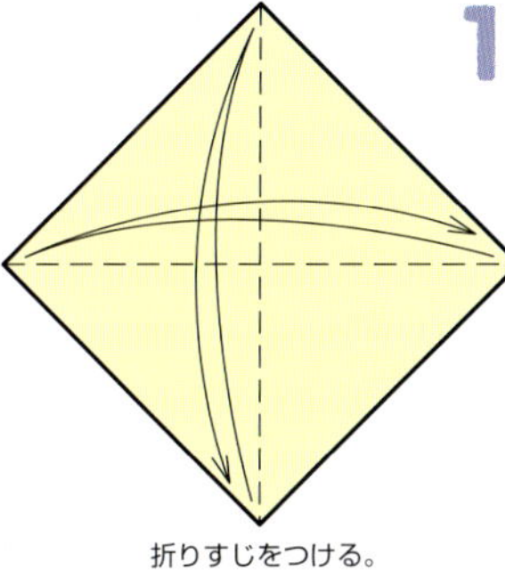

折りすじをつける。

2

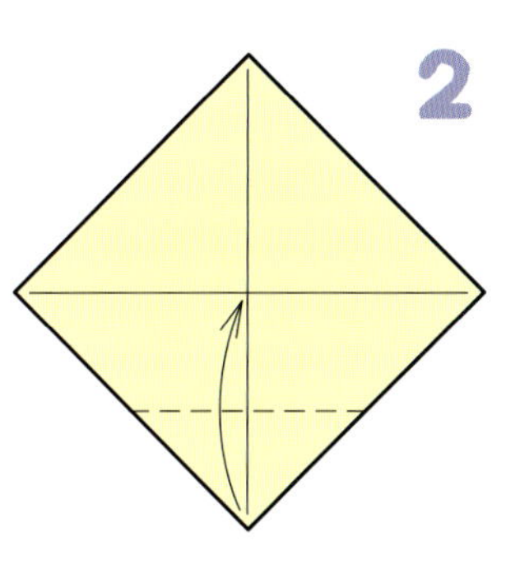

3

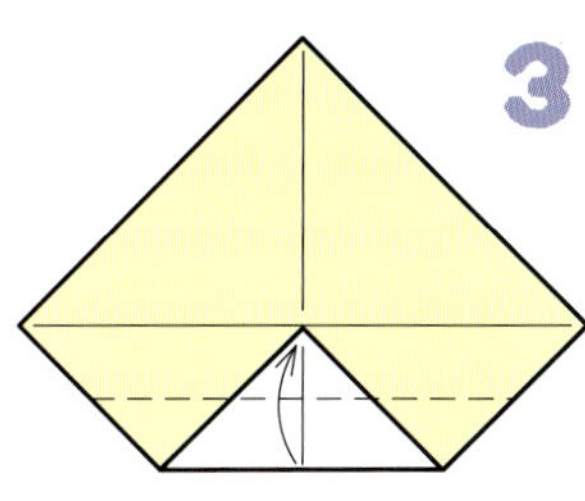

4

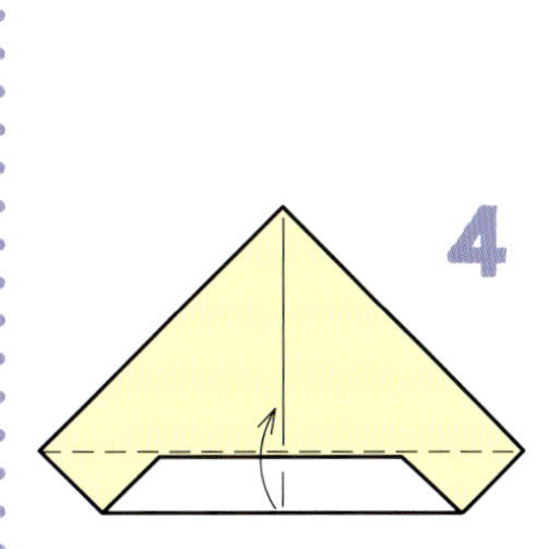

5

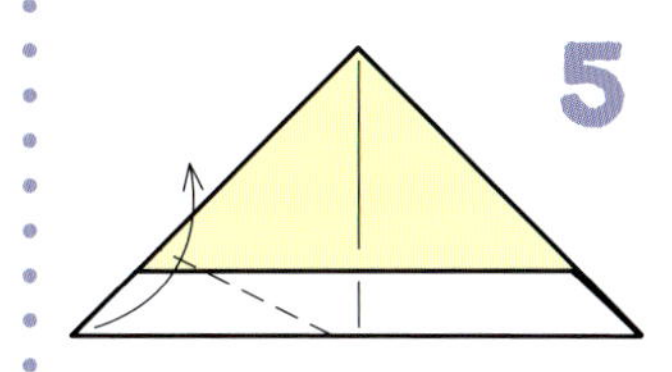

6

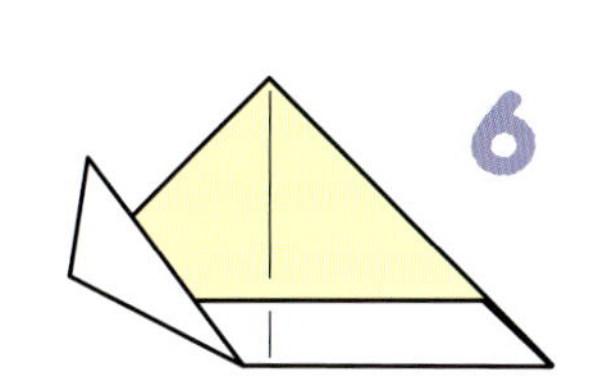

吊るし飾りアイデア

4~5歳児 のかさを使って

かさと一緒に雨の日ダンス♪

ゆらゆら揺れる、折り紙のかさ。
雨がうれしくておどっているみたいですね。
すずらんテープで、雨の透明感と
軽やかな雰囲気を演出します。

Point

❤画用紙の雲に、しわをつけるひと工夫。もくもくと立体的な質感を表現しています。

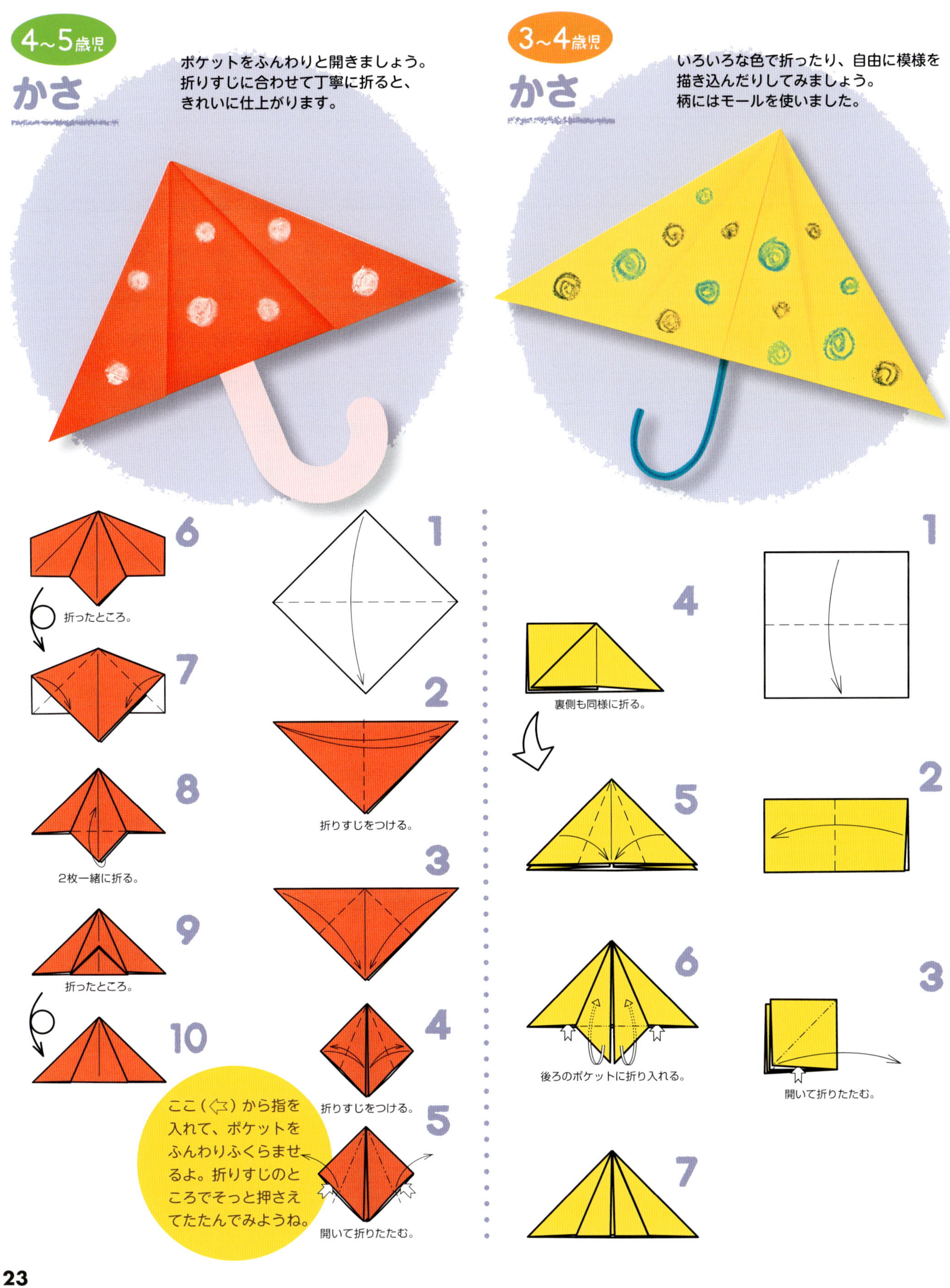

4～5歳児

かさ

ポケットをふんわりと開きましょう。
折りすじに合わせて丁寧に折ると、
きれいに仕上がります。

3～4歳児

かさ

いろいろな色で折ったり、自由に模様を
描き込んだりしてみましょう。
柄にはモールを使いました。

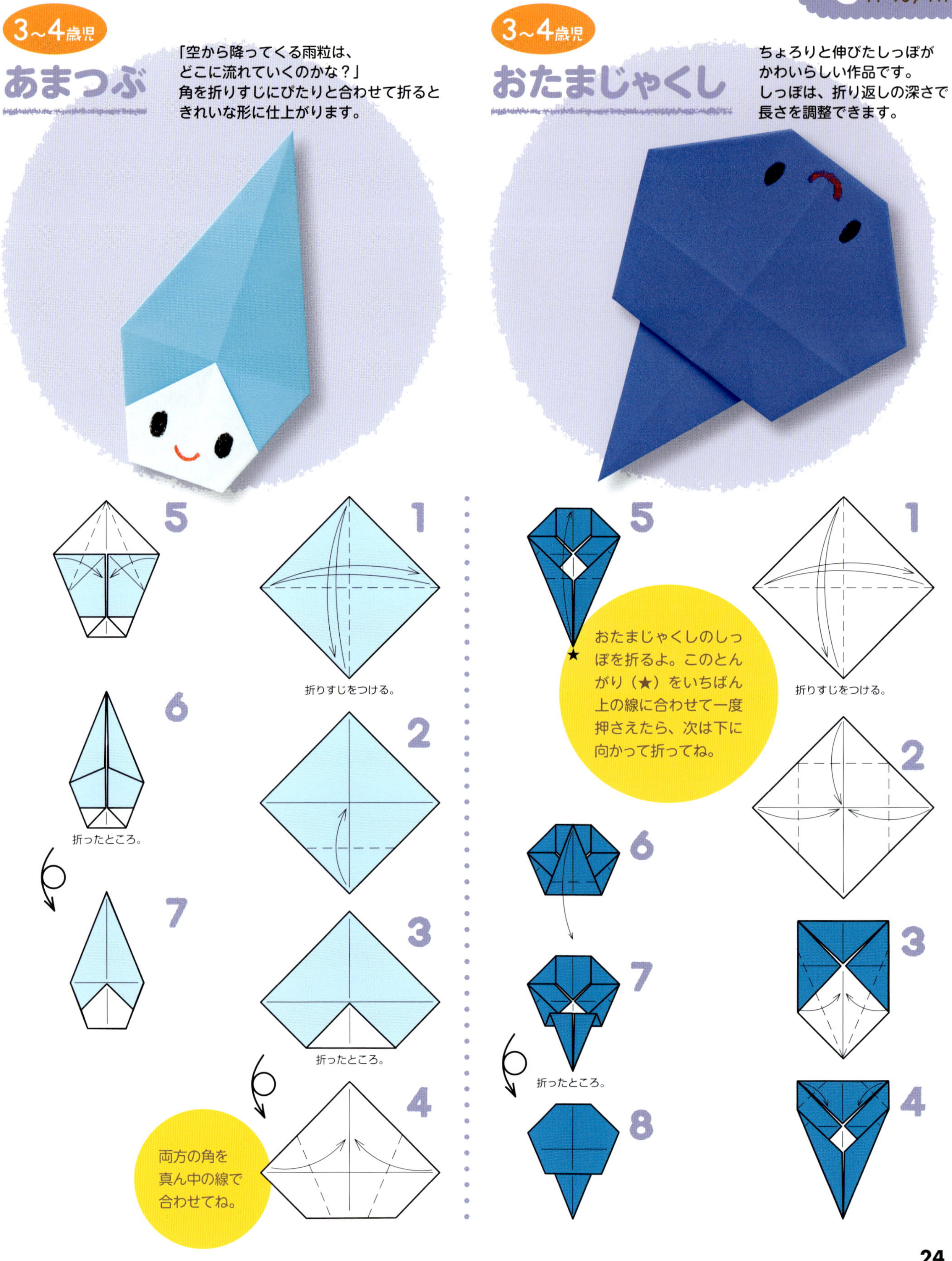
3〜4歳児
あまつぶ
「空から降ってくる雨粒は、
どこに流れていくのかな？」
角を折りすじにぴたりと合わせて折ると
きれいな形に仕上がります。
1
折りすじをつける。
2
3
折ったところ。
4
両方の角を
真ん中の線で
合わせてね。
5
6
折ったところ。
7
3〜4歳児
おたまじゃくし
ちょろりと伸びたしっぽが
かわいらしい作品です。
しっぽは、折り返しの深さで
長さを調整できます。
1
折りすじをつける。
2
3
4
5
おたまじゃくしのしっぽを折るよ。このとんがり（★）をいちばん上の線に合わせて一度押さえたら、次は下に向かって折ってね。
6
7
折ったところ。
8

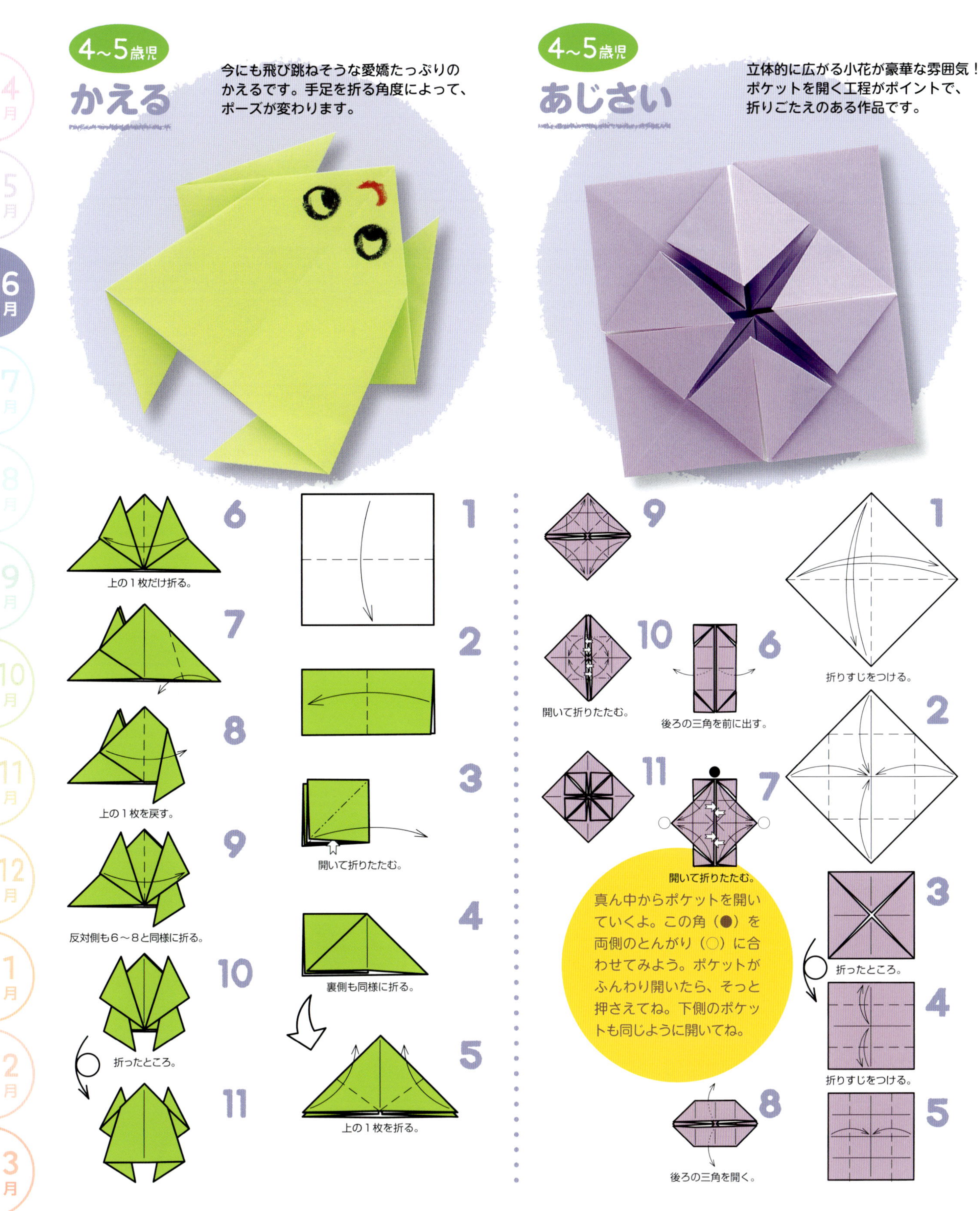

4～5歳児
かえる
今にも飛び跳ねそうな愛嬌たっぷりの
かえるです。手足を折る角度によって、
ポーズが変わります。
1
2
3
開いて折りたたむ。
4
裏側も同様に折る。
5
上の１枚を折る。
6
上の１枚だけ折る。
7
8
上の１枚を戻す。
9
反対側も６～８と同様に折る。
10
折ったところ。
11
4～5歳児
あじさい
立体的に広がる小花が豪華な雰囲気！
ポケットを開く工程がポイントで、
折りごたえのある作品です。
1
折りすじをつける。
2
3
折ったところ。
4
折りすじをつける。
5
6
後ろの三角を前に出す。
7
開いて折りたたむ。
真ん中からポケットを開いていくよ。この角（●）を両側のとんがり（○）に合わせてみよう。ポケットがふんわり開いたら、そっと押さえてね。下側のポケットも同じように開いてね。
8
後ろの三角を開く。
9
10
開いて折りたたむ。
11
4月
5月
6月
7月
8月
9月
10月
11月
12月
1月
2月
3月

かえる

2~3歳児

３回折るだけで、
ピョ～ンとジャンプしそうなかえるに変身。
左右を折り上げる角度で表情が変わります。

かたつむり

三角を折ったら、もうひと折り！
うずまき模様や顔を描いて、
自分だけのかたつむりを作りましょう。

1

とんがりさんと
とんがりさんを
ぴったんこしてね！

2

端を上に向かって
斜めに折るよ。

3

折ったところは
指アイロンを
かけるのを
忘れないでね！

7月のおりがみ

天井飾り
アイデア

4~5歳児 のおりひめ・ひこぼしを使って

夜空できらめく星降る天の川

土台に不織布を使った、ボリューム満点の天井飾り。
夏の風に揺られるおりひめとひこぼしが、
ニッコリと子どもたちを見守ります。

Point

❤丈夫でバランスをとりやすい紙皿を使って飾ります。星型のクラフトパンチでひもを通す穴をあけて、まわりにシールを貼れば、たなばたにぴったりの仕上がりに。

4~5歳児

おりひめ ひこぼし

左右に広がった袖の形がポイント。
千代紙で折ったり短冊と組み合わせたり、
たなばた飾りにアレンジしてもいいですね。

3~4歳児

おりひめ ひこぼし

ころんと丸みのある形と、前に出した
両手がかわいらしい作品です。
ペアで折ってみましょう。

3〜4歳児
かきごおり
かんたんな工程で折れるかき氷。
氷の上に、好きなシロップの
色を塗って楽しみましょう。
1
折りすじをつける。
2
3
4
折ったところ。
5
6
下の角を
小さく三角に
折ってね。
7
折ったところ。
8
3〜4歳児
さかな
尾びれでスイスイと水をかいて、
元気いっぱいに泳ぎだしそうなさかな。
顔やうろこを自由に描きましょう。
1
折りすじをつける。
2
3
4
3で折った角
を戻すように
少しあけて斜
めに折ってね。
5
6
折ったところ。
7

4〜5歳児

あさがお

閉じていたつぼみが開いて、
パッときれいに咲くあさがおを表現。
いろいろな色で折るのもいいですね。

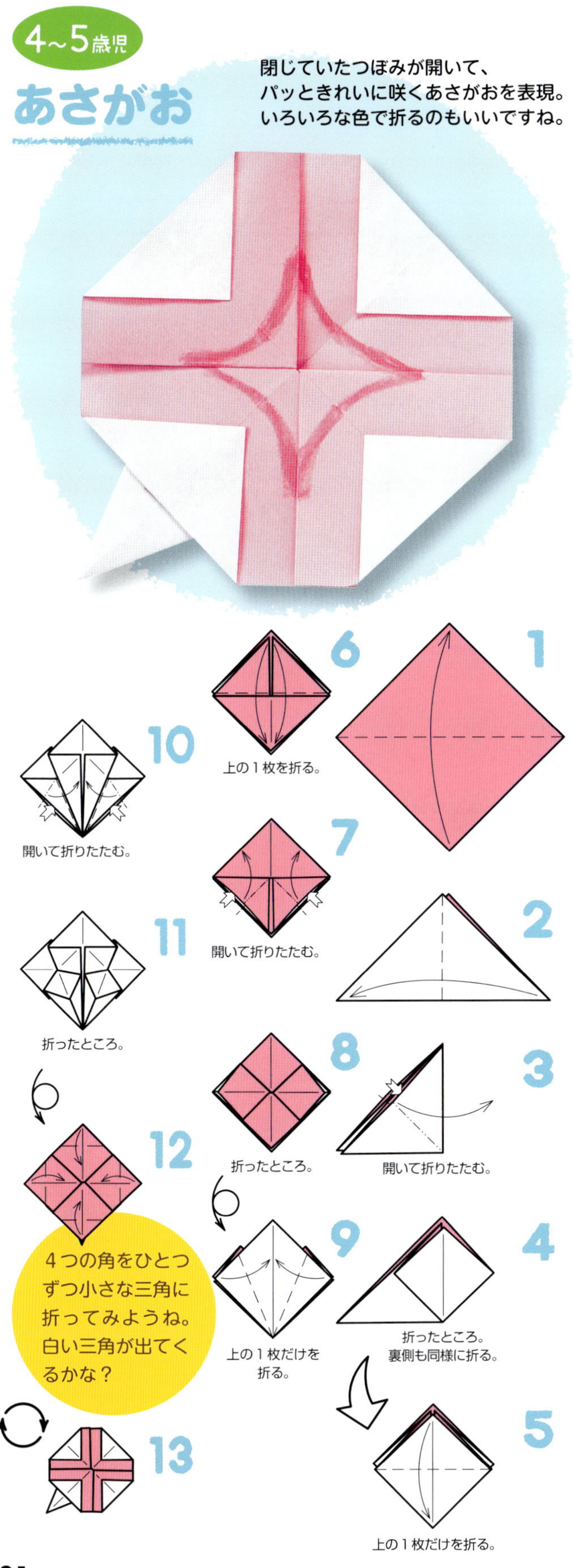

4〜5歳児

とうもろこし

葉っぱに包まれて、
先端にはヒゲもついた
とれたての新鮮なとうもろこし！
粒を描いて仕上げましょう。

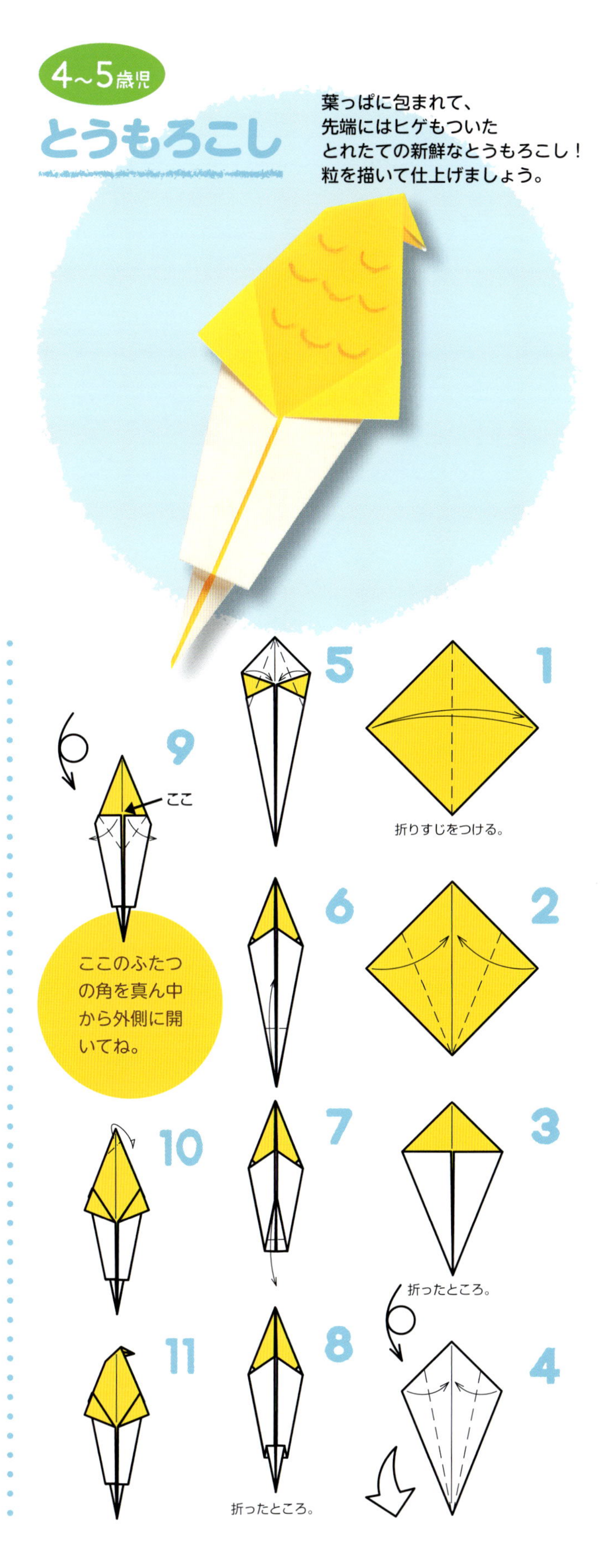

2~3歳児

おりひめ ひこぼし

折った角を重ねて着物の合わせに。
２回の指アイロンで作れるので、
色を変えてペアで折ってみましょう。

1

とんがりさんを
先生の指のところまで
持ってきて、
ぴたっと合わせてね。

2

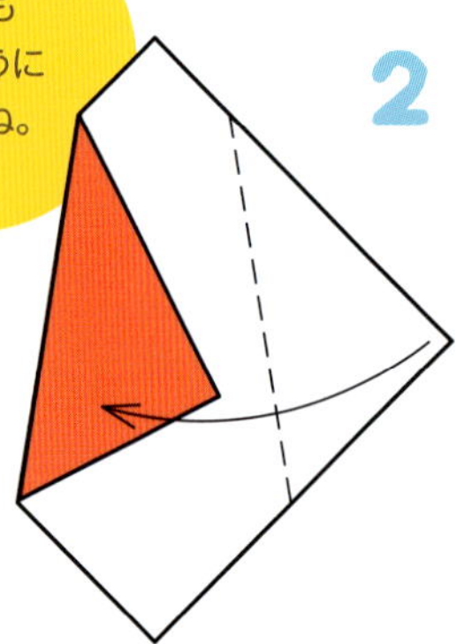

反対側も
同じように
折ってね。

3

おりひめさんとひこぼしさんは、色の違う折り紙でひとつずつ折ってね。

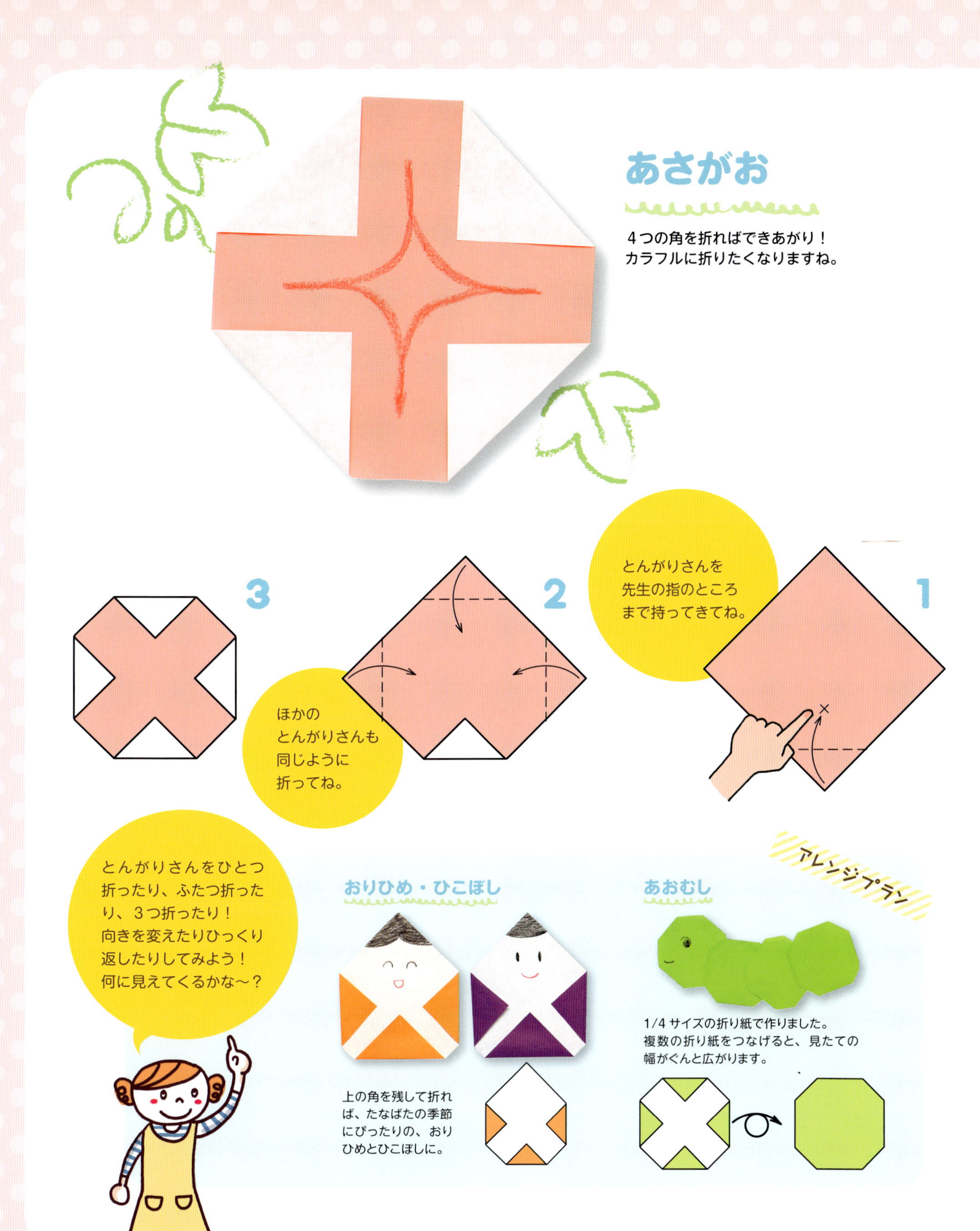
あさがお
4つの角を折ればできあがり！
カラフルに折りたくなりますね。
1
とんがりさんを
先生の指のところ
まで持ってきてね。
2
ほかの
とんがりさんも
同じように
折ってね。
3
とんがりさんをひとつ折ったり、ふたつ折ったり、3つ折ったり！
向きを変えたりひっくり返したりしてみよう！
何に見えてくるかな～？
アレンジプラン
おりひめ・ひこぼし
上の角を残して折れば、たなばたの季節にぴったりの、おりひめとひこぼしに。
あおむし
1/4 サイズの折り紙で作りました。
複数の折り紙をつなげると、見たての幅がぐんと広がります。
4月
5月
6月
7月
8月
9月
10月
11月
12月
1月
2月
3月

8 月のおりがみ

♥茎は、紙テープやマスキングテープを使って。いろいろな長さで飾ると、作品同士が重ならず、リズム感のある壁面に仕上がります。

壁面アイデア

3～4歳児 のひまわりを使って

ひまわり畑でかくれんぼ

お日さまの光を浴びて、ぐんぐん成長するひまわり。
すらりと伸びた茎は紙テープで表現すれば、
長さの調節がかんたん！　夏らしくまぶしい壁面です。

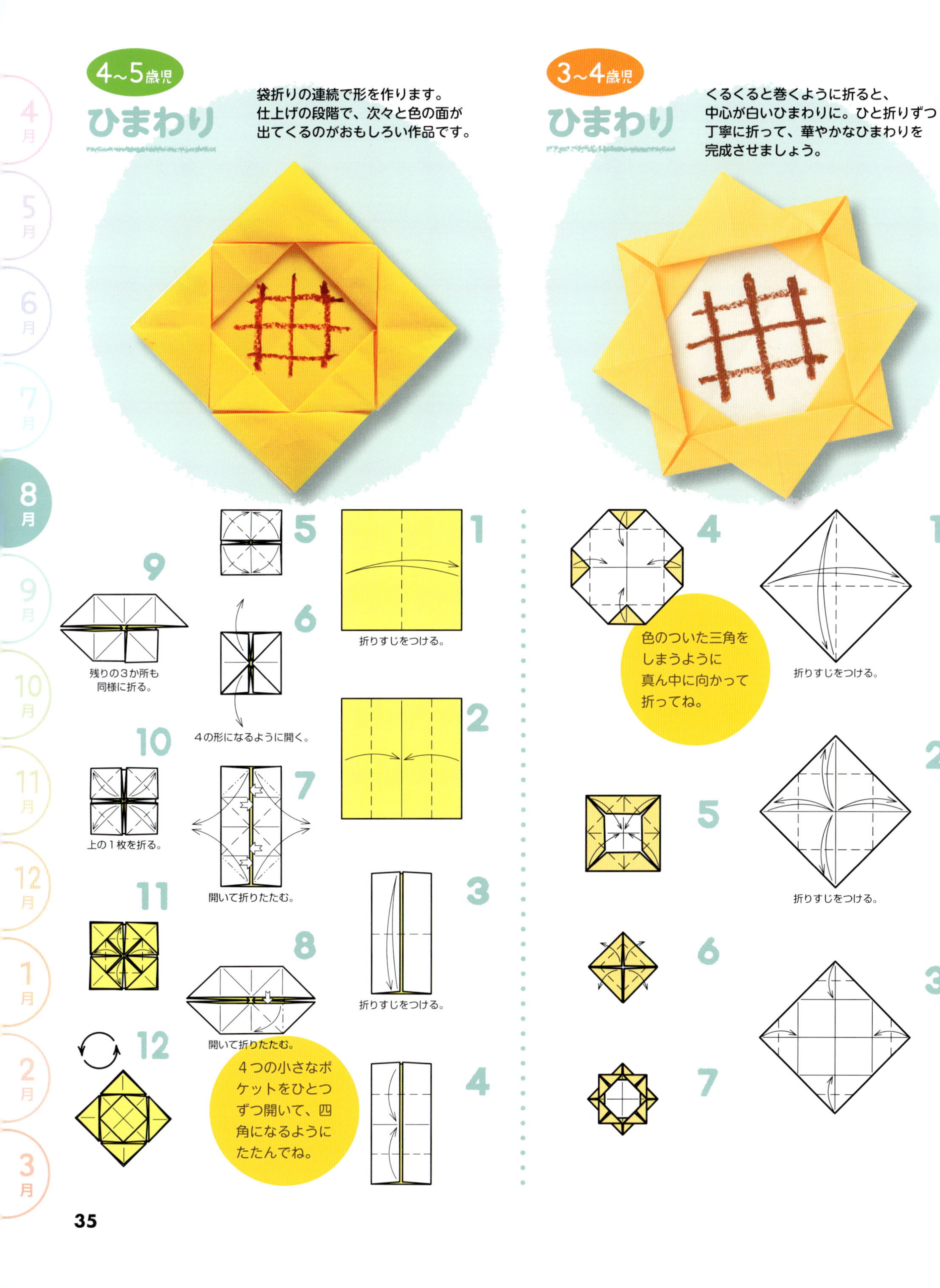

4～5歳児
ひまわり
袋折りの連続で形を作ります。
仕上げの段階で、次々と色の面が
出てくるのがおもしろい作品です。
1
折りすじをつける。
2
3
折りすじをつける。
4
5
6
4の形になるように開く。
7
開いて折りたたむ。
8
開いて折りたたむ。
4つの小さなポケットをひとつずつ開いて、四角になるようにたたんでね。
9
残りの3か所も
同様に折る。
10
上の1枚を折る。
11
12
3～4歳児
ひまわり
くるくると巻くように折ると、
中心が白いひまわりに。ひと折りずつ
丁寧に折って、華やかなひまわりを
完成させましょう。
1
折りすじをつける。
2
折りすじをつける。
3
4
色のついた三角をしまうように真ん中に向かって折ってね。
5
6
7
4月
5月
6月
7月
8月
9月
10月
11月
12月
1月
2月
3月

Point

❤モビールの土台に片段ボールを使うと、強度が増します。クラフトパンチで抜いた星形を貼って、夜空のイメージに。

モビールアイデア

3～4歳児 のおばけを使って

おばけがゆらゆら夏の夜

かわいいおばけが、くるくる、ゆらゆら。
モビールが回転するたびに、おばけたちが上下に動いて、宙に浮いているようですね。

4~5歳児
おばけ
両手を前に垂らしたおばけ。
しっぽの角度を変えたり、
顔を描いたりして楽しみましょう。
1
折りすじをつける。
2
3
折りすじをつける。
4
開いて折りたたむ。
5
段折り。
6
7
ふたつのポケットを
発見！
折りすじのところから
ポケットをぐ~んと
広げてたたんで
みよう。
3~4歳児
おばけ
自分で折れば、怖くない…？
基本的な手順で折れる、
かんたんでかわいい作品です。
1
折りすじをつける。
2
3
4
5
a
b
6
7
おばけが手を広げるよ！ この線（a）をここの線（b）に合わせて斜めに折ってみよう。
4月
5月
6月
7月
8月
9月
10月
11月
12月
1月
2月
3月

ヨット

三角の大きな帆がかっこいいヨット。
左右非対称の形が
おもしろい作品です。

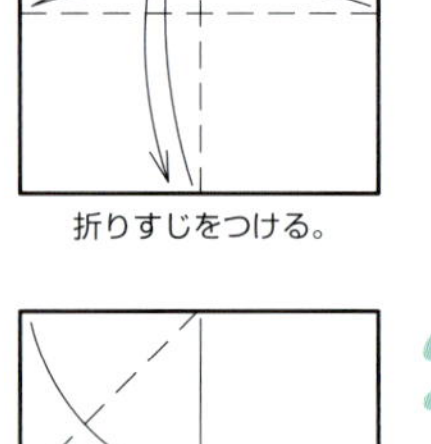

1

折りすじをつける。

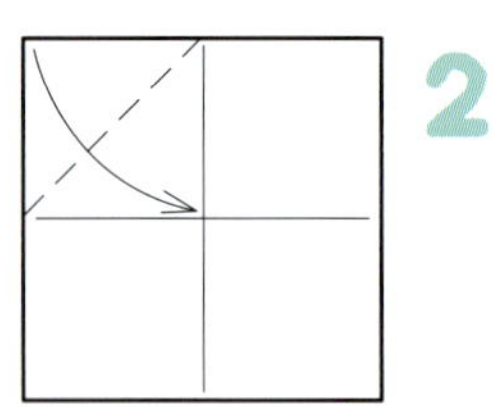

2

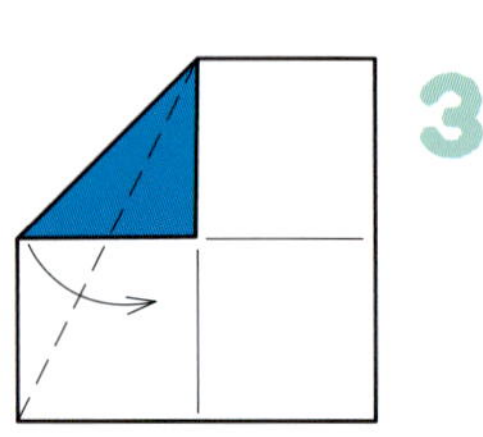

3

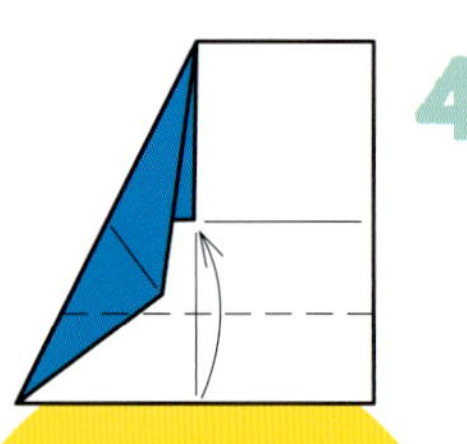

4

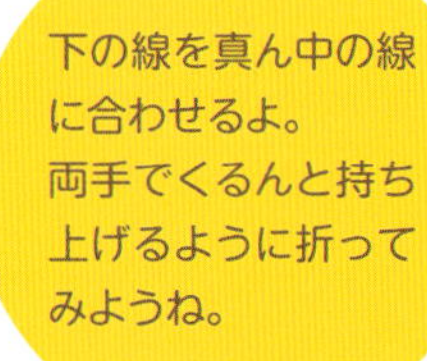

下の線を真ん中の線に合わせるよ。両手でくるんと持ち上げるように折ってみようね。

5

折ったところ。

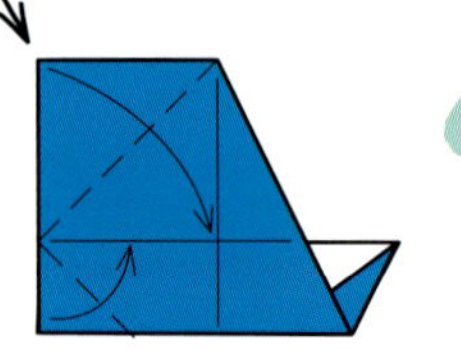

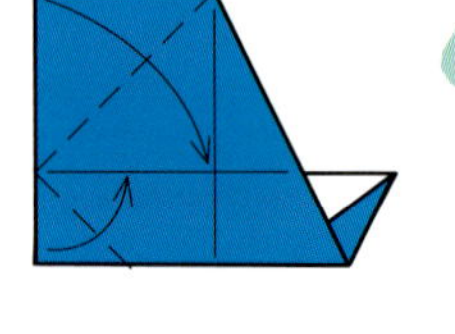

6

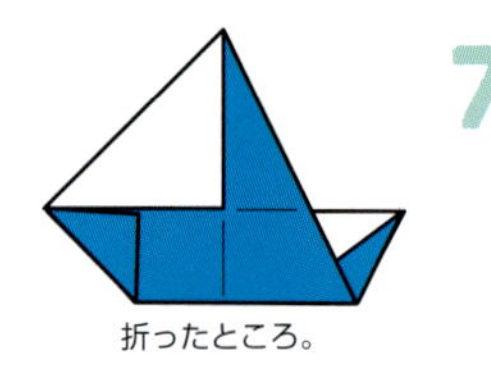

7

折ったところ。

8

アイスクリーム

折り紙の色から味を連想できるアイスクリーム。クレヨンで好きなトッピングを描くのも楽しい！

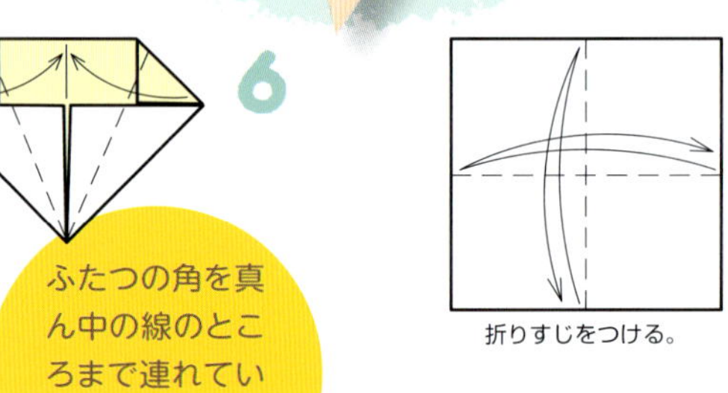

1

折りすじをつける。

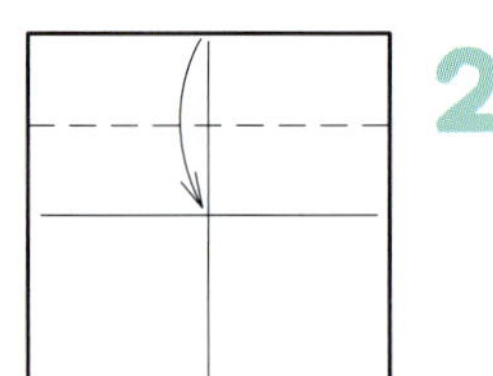

2

3

折ったところ。

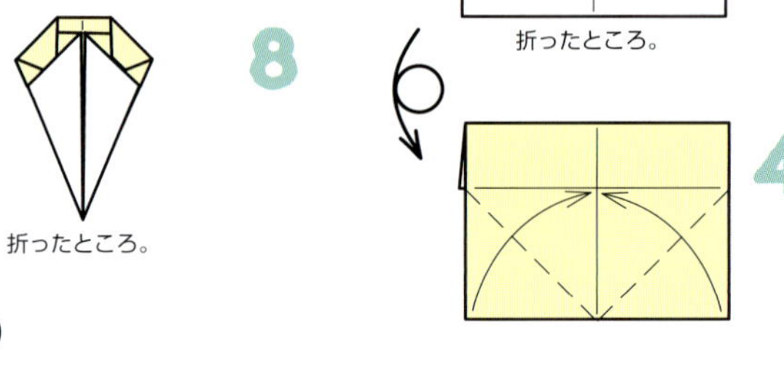

4

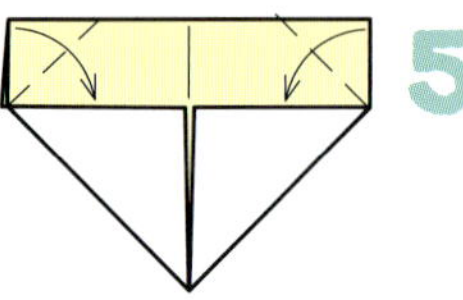

5

6

ふたつの角を真ん中の線のところまで連れていくよ。シュッと細くなるね。

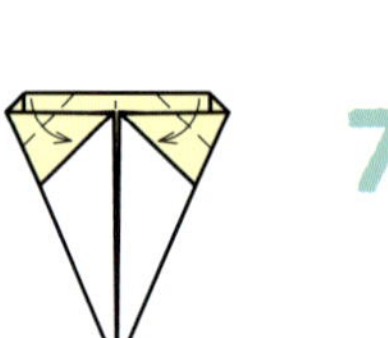

7

8

折ったところ。

9

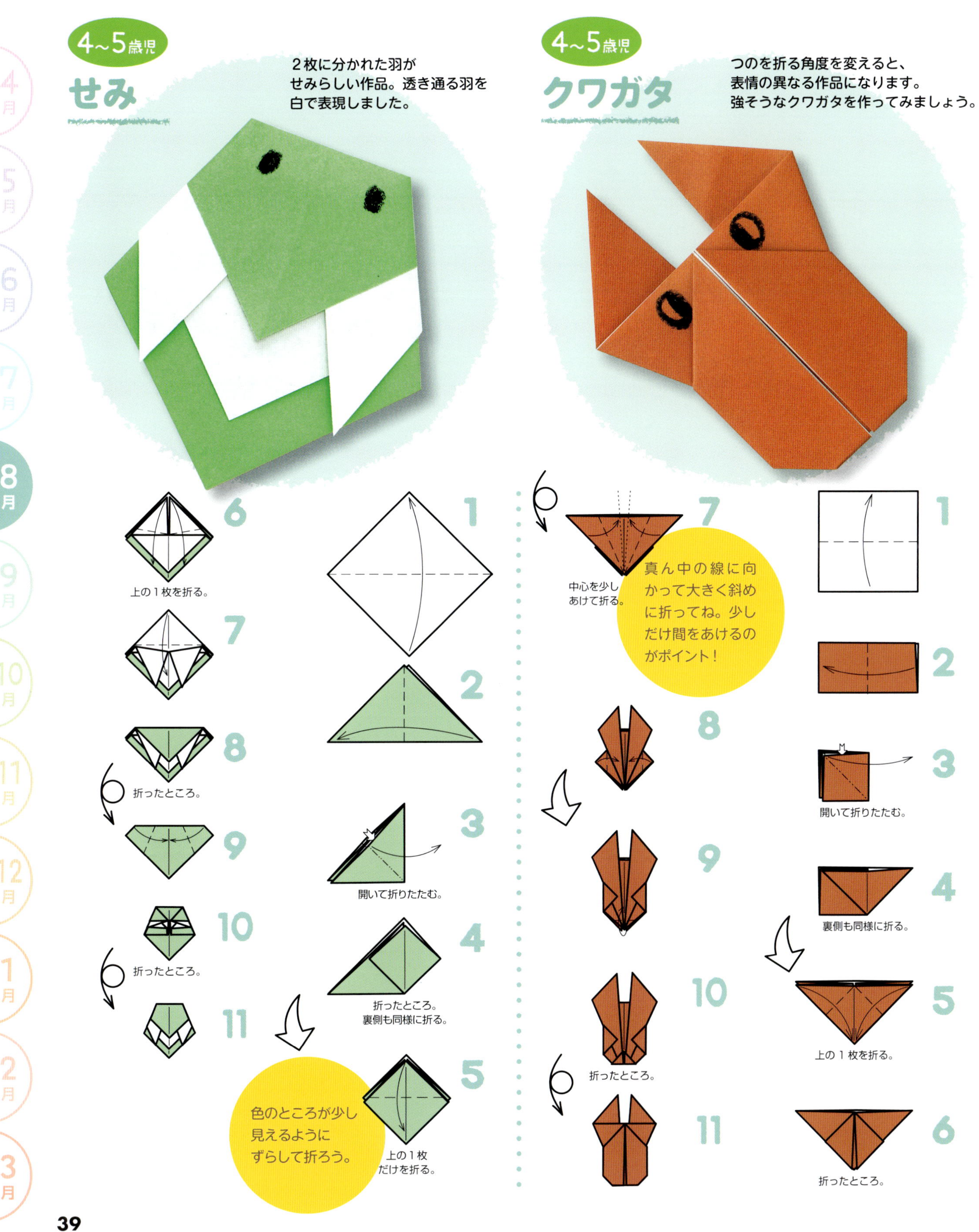
4～5歳児
せみ
2枚に分かれた羽が
せみらしい作品。透き通る羽を
白で表現しました。
1
2
3
開いて折りたたむ。
4
折ったところ。
裏側も同様に折る。
5
上の１枚
だけを折る。
色のところが少し
見えるように
ずらして折ろう。
6
上の１枚を折る。
7
8
折ったところ。
9
10
折ったところ。
11
4～5歳児
クワガタ
つのを折る角度を変えると、
表情の異なる作品になります。
強そうなクワガタを作ってみましょう。
1
2
3
開いて折りたたむ。
4
裏側も同様に折る。
5
上の１枚を折る。
6
折ったところ。
7
中心を少し
あけて折る。
真ん中の線に向
かって大きく斜め
に折ってね。少し
だけ間をあけるの
がポイント！
8
9
10
折ったところ。
11
4月
5月
6月
7月
8月
9月
10月
11月
12月
1月
2月
3月

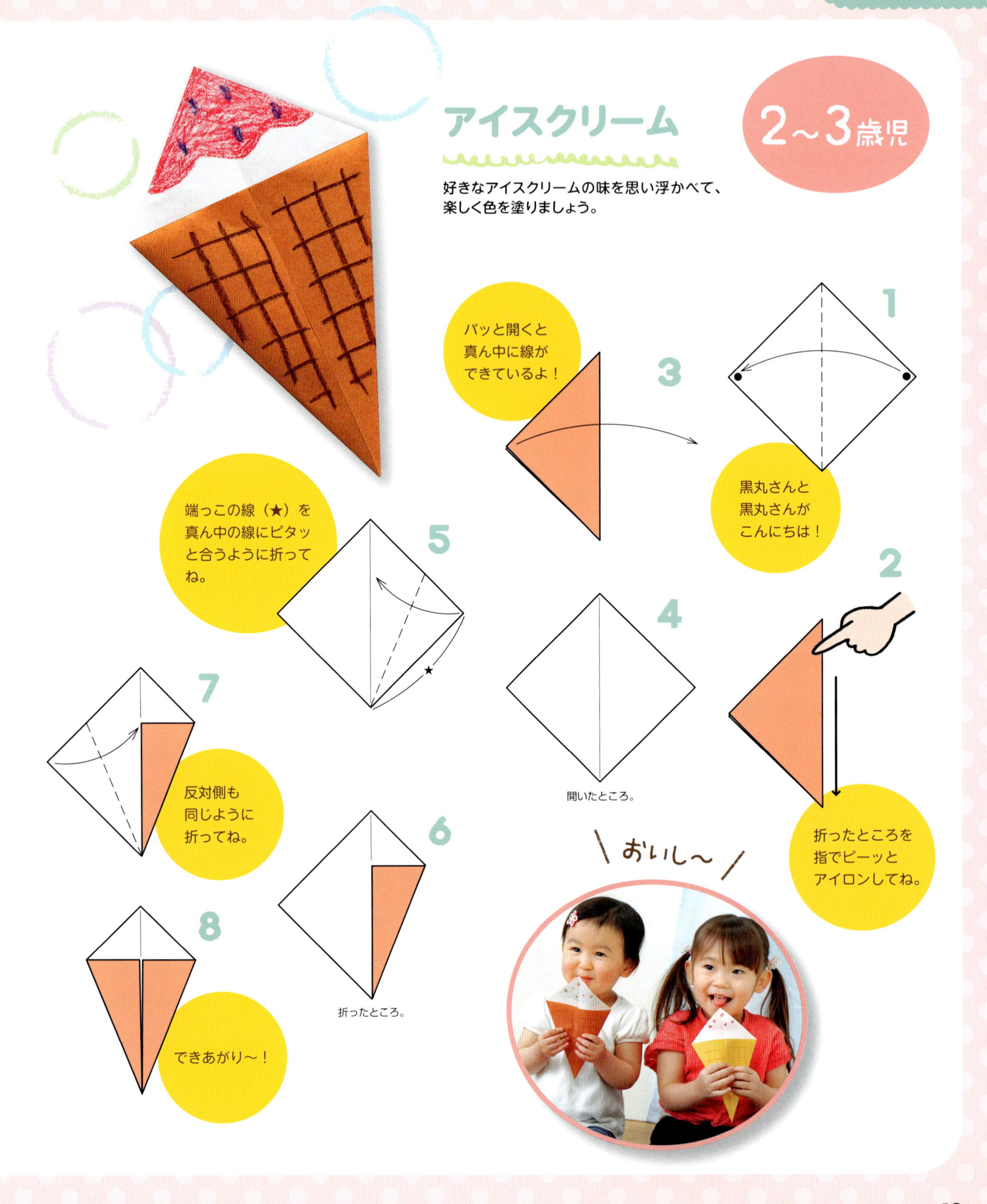
アイスクリーム
2〜3歳児
好きなアイスクリームの味を思い浮かべて、
楽しく色を塗りましょう。
1
黒丸さんと
黒丸さんが
こんにちは！
2
折ったところを
指でピーッと
アイロンしてね。
3
パッと開くと
真ん中に線が
できているよ！
4
開いたところ。
5
端っこの線（★）を
真ん中の線にピタッ
と合うように折って
ね。
★
6
折ったところ。
7
反対側も
同じように
折ってね。
8
できあがり〜！
おいし〜

ヨット

風を受けて大海原をスイスイ。
折る角度や幅に個性が出る
作品です。

絵柄のないうちわに完成したヨットを貼ったら、指スタンプや好きな絵を描いて、オリジナルのうちわに。持ち帰って使えるのがうれしいですね。

9 月のおりがみ

Point

❤くるくると巻いたモールと画用紙の葉を添えると、本物のぶどうのよう。

❤カールのくせづけをした紙テープを吊るせば、軽やかに揺れて、風を感じられます。

入り口飾りアイデア

3～4歳児 のぶどうを使って

もぎたてぶどうを、ぱくっ！

たわわに実った秋の味覚に、思わず笑顔がこぼれる入り口飾り。葉っぱの上にぶどうを貼ることで、ぶどうの存在感がアップします。

4月
5月
6月
7月
8月
9月
10月
11月
12月
1月
2月
3月

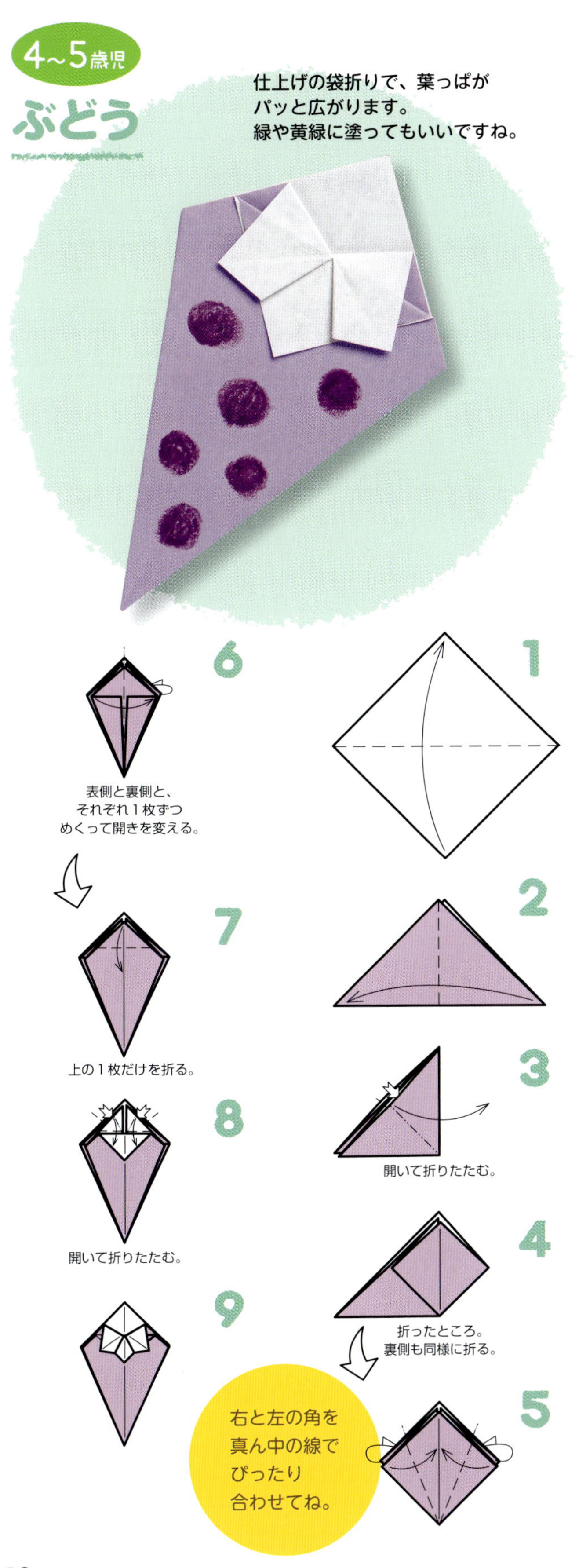
4~5歳児
ぶどう
仕上げの袋折りで、葉っぱが
パッと広がります。
緑や黄緑に塗ってもいいですね。
1
2
3
開いて折りたたむ。
4
折ったところ。
裏側も同様に折る。
5
右と左の角を
真ん中の線で
ぴったり
合わせてね。
6
表側と裏側と、
それぞれ1枚ずつ
めくって開きを変える。
7
上の1枚だけを折る。
8
開いて折りたたむ。
9

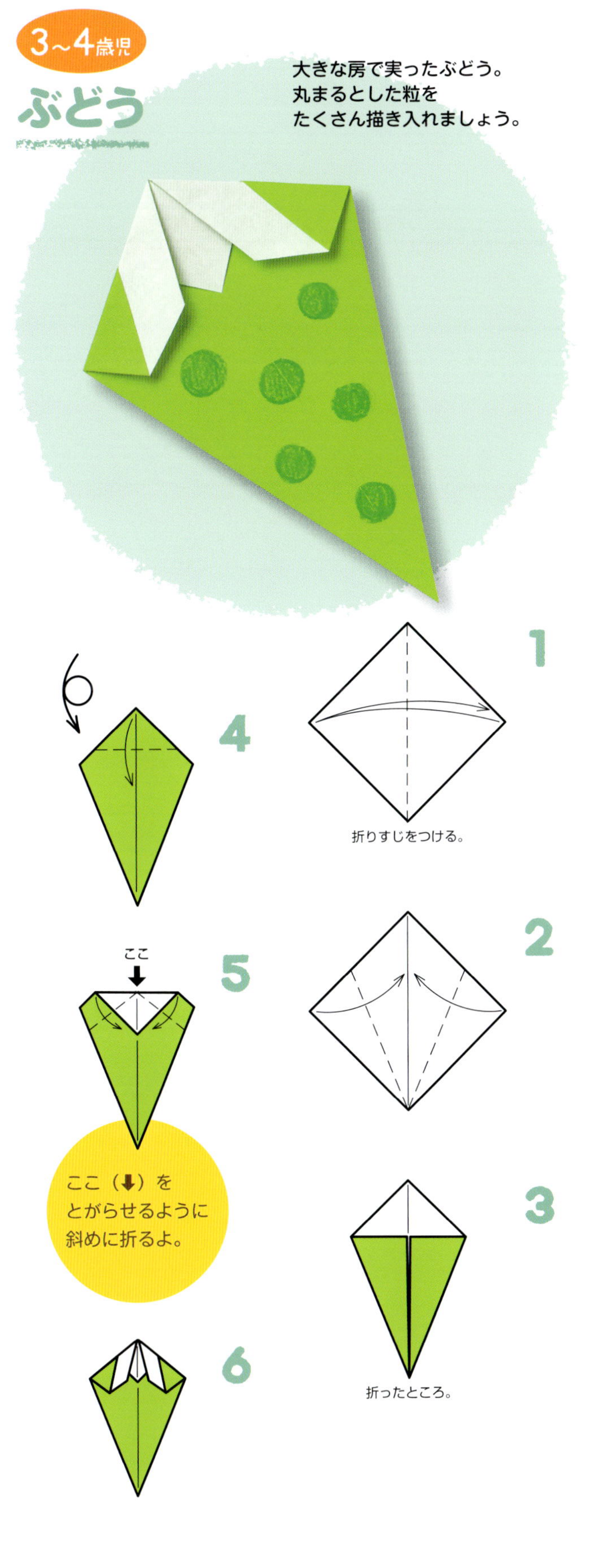
3~4歳児
ぶどう
大きな房で実ったぶどう。
丸まるとした粒を
たくさん描き入れましょう。
1
折りすじをつける。
2
3
折ったところ。
4
5
ここ
ここ（⬇）を
とがらせるように
斜めに折るよ。
6

3～4歳児

かき

ごろんと大きく、熟したかき。
角を折ることで、丸みを
表現します。

3～4歳児

きつね

ぴんと立った三角の耳が
かわいいきつねです。
耳を折る角度で表情が変わります。

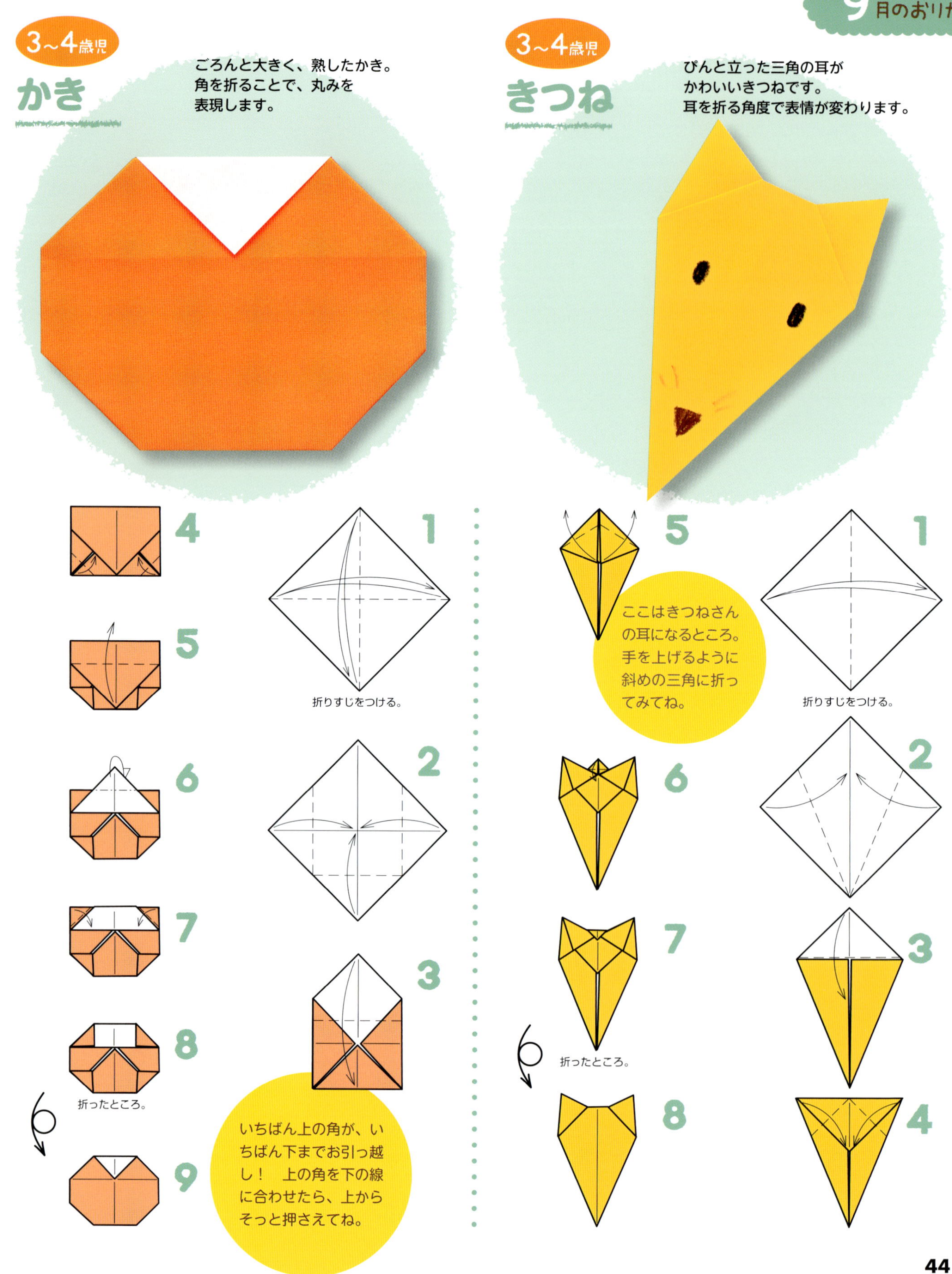

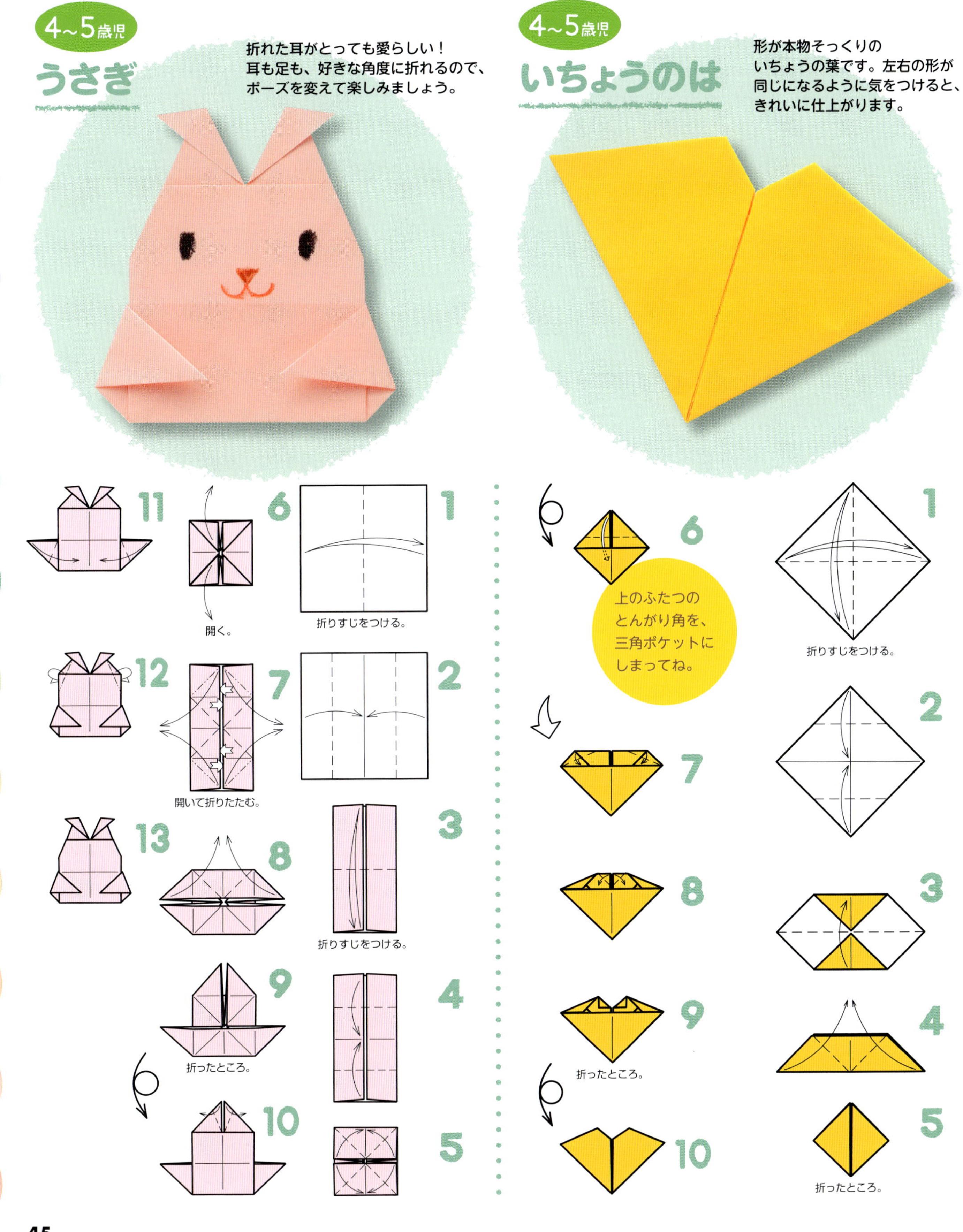
4~5歳児
うさぎ
折れた耳がとっても愛らしい！
耳も足も、好きな角度に折れるので、
ポーズを変えて楽しみましょう。
4~5歳児
いちょうのは
形が本物そっくりの
いちょうの葉です。左右の形が
同じになるように気をつけると、
きれいに仕上がります。
折りすじをつける。
開く。
開いて折りたたむ。
折りすじをつける。
折ったところ。
上のふたつの
とんがり角を、
三角ポケットに
しまってね。
折りすじをつける。
折ったところ。
折ったところ。
4月
5月
6月
7月
8月
9月
10月
11月
12月
1月
2月
3月

うさぎ

2〜3歳児

あえて白い面を表にすることで、
長い耳の中に色が見える
かわいらしい作品です。

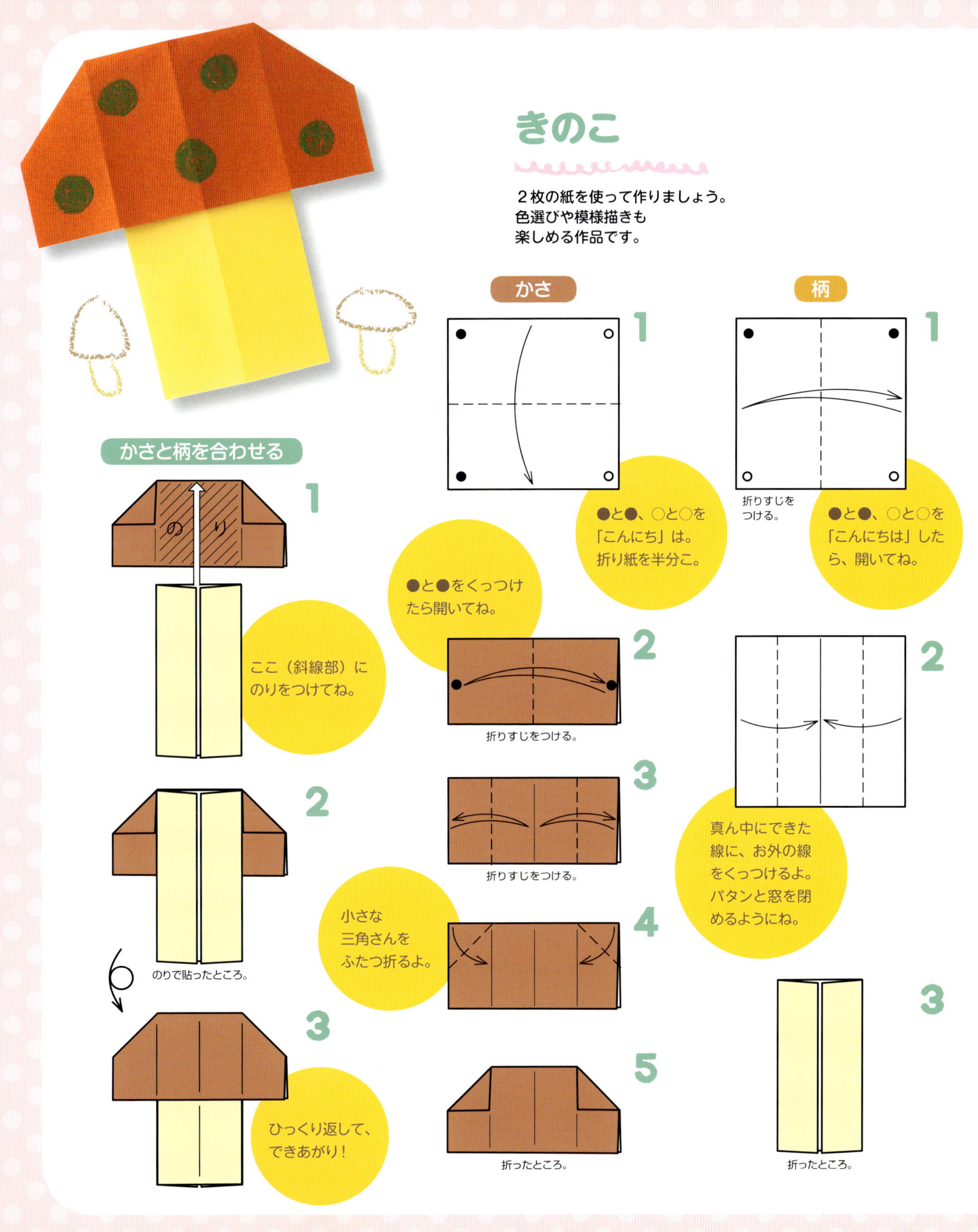

きのこ
２枚の紙を使って作りましょう。
色選びや模様描きも
楽しめる作品です。
かさ
1
●と●、○と○を
「こんにち」は。
折り紙を半分こ。
●と●をくっつけ
たら開いてね。
2
折りすじをつける。
3
折りすじをつける。
小さな
三角さんを
ふたつ折るよ。
4
5
折ったところ。
柄
1
折りすじを
つける。
●と●、○と○を
「こんにちは」した
ら、開いてね。
2
真ん中にできた
線に、お外の線
をくっつけるよ。
パタンと窓を閉
めるようにね。
3
折ったところ。
かさと柄を合わせる
1
のり
ここ（斜線部）に
のりをつけてね。
2
のりで貼ったところ。
3
ひっくり返して、
できあがり！

10月のおりがみ

ガーランドアイデア

3～4歳児 のまじょのぼうしを使って

ぼうしをかぶって ハッピーハロウィン！

カラフルなキャンディーや仮装した動物を飾れば、
怖いおばけたちもポップで楽しくなりますね！

Point

❤切り込みを入れたフラワーペーパーをくるくると巻き、マスキングテープでとめれば、タッセルのできあがり。かんたんで、おしゃれにボリュームアップできるアイデアです。

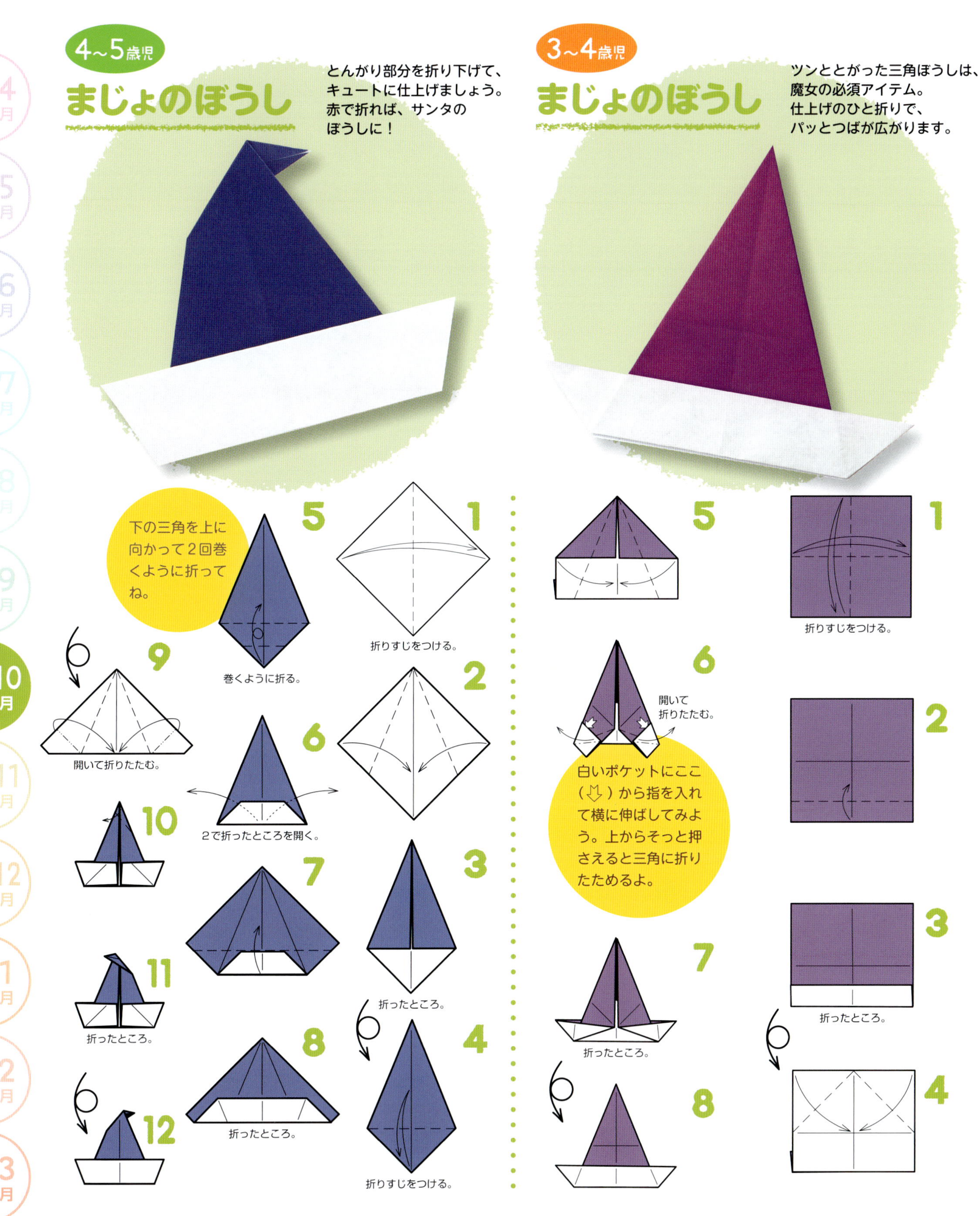
4月
5月
6月
7月
8月
9月
10月
11月
12月
1月
2月
3月
4~5歳児
まじょのぼうし
とんがり部分を折り下げて、
キュートに仕上げましょう。
赤で折れば、サンタの
ぼうしに！
1
折りすじをつける。
2
3
折ったところ。
4
折りすじをつける。
5
巻くように折る。
下の三角を上に
向かって2回巻
くように折って
ね。
6
2で折ったところを開く。
7
8
折ったところ。
9
開いて折りたたむ。
10
11
折ったところ。
12
3~4歳児
まじょのぼうし
ツンととがった三角ぼうしは、
魔女の必須アイテム。
仕上げのひと折りで、
パッとつばが広がります。
1
折りすじをつける。
2
3
折ったところ。
4
5
6
開いて
折りたたむ。
白いポケットにここ
（⇩）から指を入れ
て横に伸ばしてみよ
う。上からそっと押
さえると三角に折り
たためるよ。
7
折ったところ。
8

Point

❤葉っぱは、画用紙や折り紙を使って、カラフルに。半分に折って中心に折り目をつけることで、立体感を表現できます。

壁面アイデア

3～4歳児 のどんぐりを使って

おしゃれぼうしのどんぐり集まれ！

おしゃれな柄のぼうしが自慢のどんぐりたち。緑の木に飾れば、どんぐりの形もぼうしの柄もくっきりと映えます。

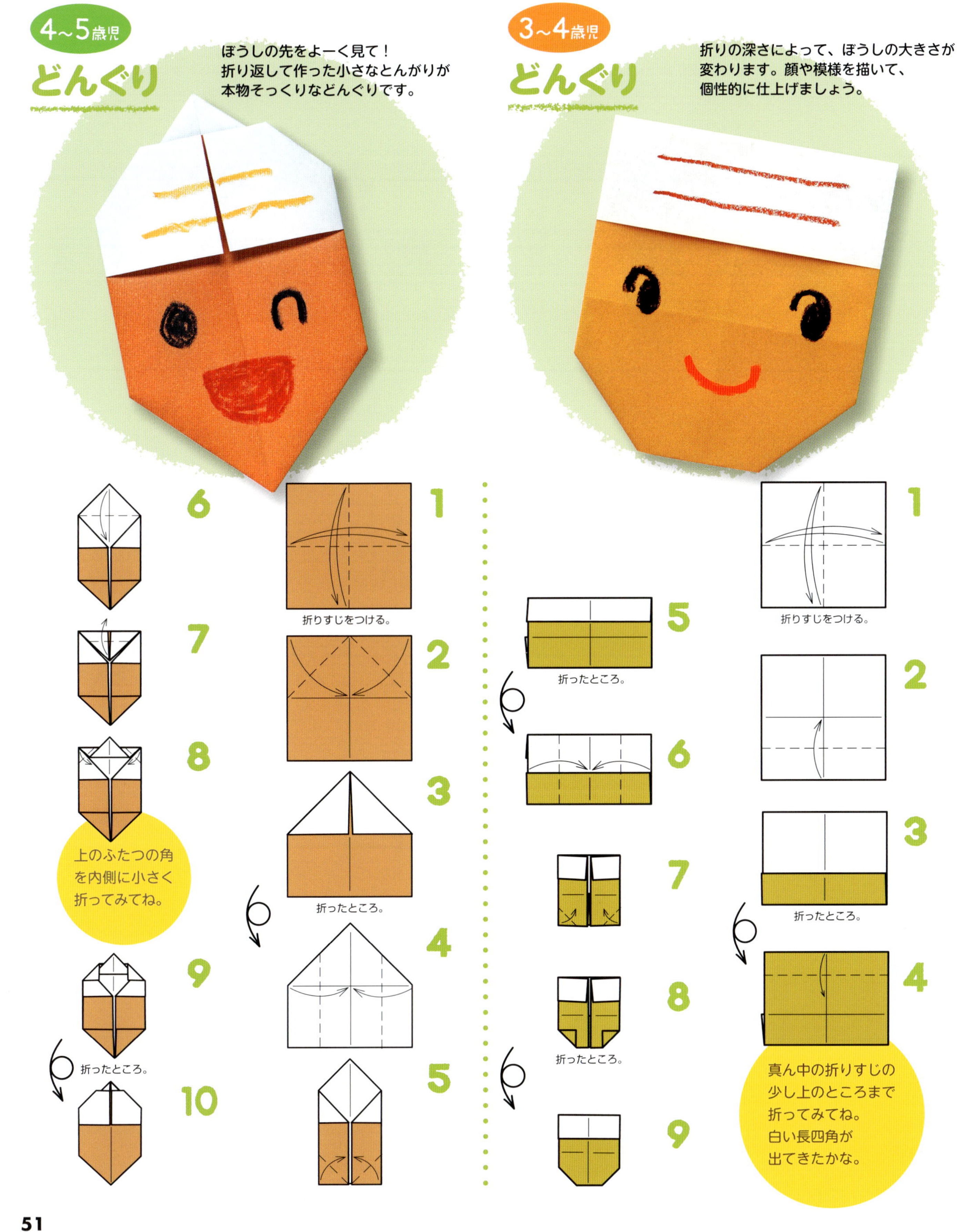
4～5歳児
どんぐり
ぼうしの先をよーく見て！
折り返して作った小さなとんがりが
本物そっくりなどんぐりです。
1
折りすじをつける。
2
3
折ったところ。
4
5
6
7
8
上のふたつの角
を内側に小さく
折ってみてね。
9
折ったところ。
10
3～4歳児
どんぐり
折りの深さによって、ぼうしの大きさが
変わります。顔や模様を描いて、
個性的に仕上げましょう。
1
折りすじをつける。
2
3
折ったところ。
4
真ん中の折りすじの
少し上のところまで
折ってみてね。
白い長四角が
出てきたかな。
5
折ったところ。
6
7
8
折ったところ。
9
4月
5月
6月
7月
8月
9月
10月
11月
12月
1月
2月
3月

3～4歳児

かぼちゃ

ハロウィンの主役といえば、かぼちゃ！どんなできあがりになるかは、最後に裏返してからのお楽しみ。

3～4歳児

きのこ

かさも柄も大きい、存在感たっぷりのきのこ。かさいっぱいに模様を描いて楽しみましょう。

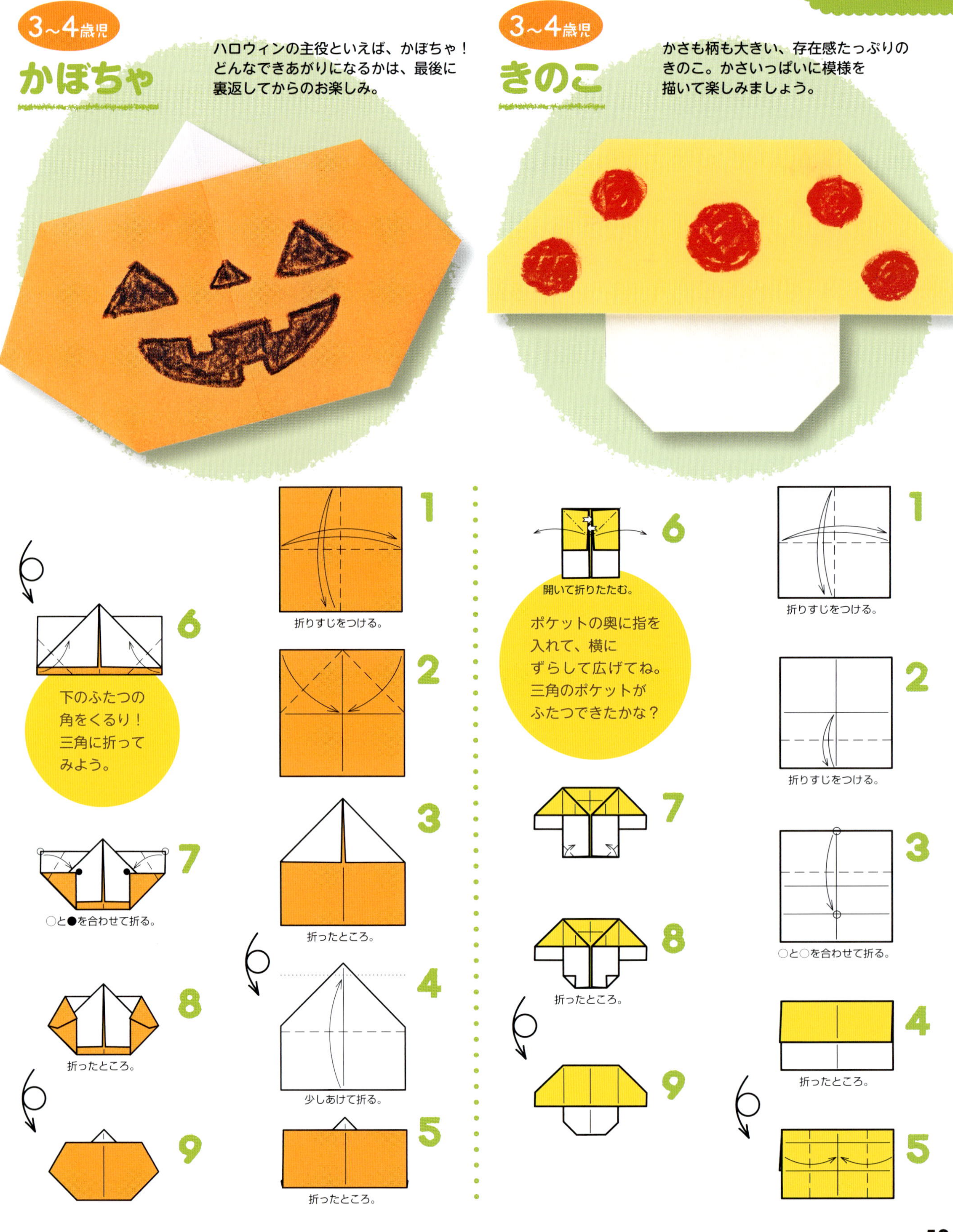

4~5歳児

くり

今にも転がりそうなコロンとした
シルエットがかわいらしいくりです。

4~5歳児

きのこ

袋折りでふくらみを作った
かさがポイント。
折りごたえのある作品です。

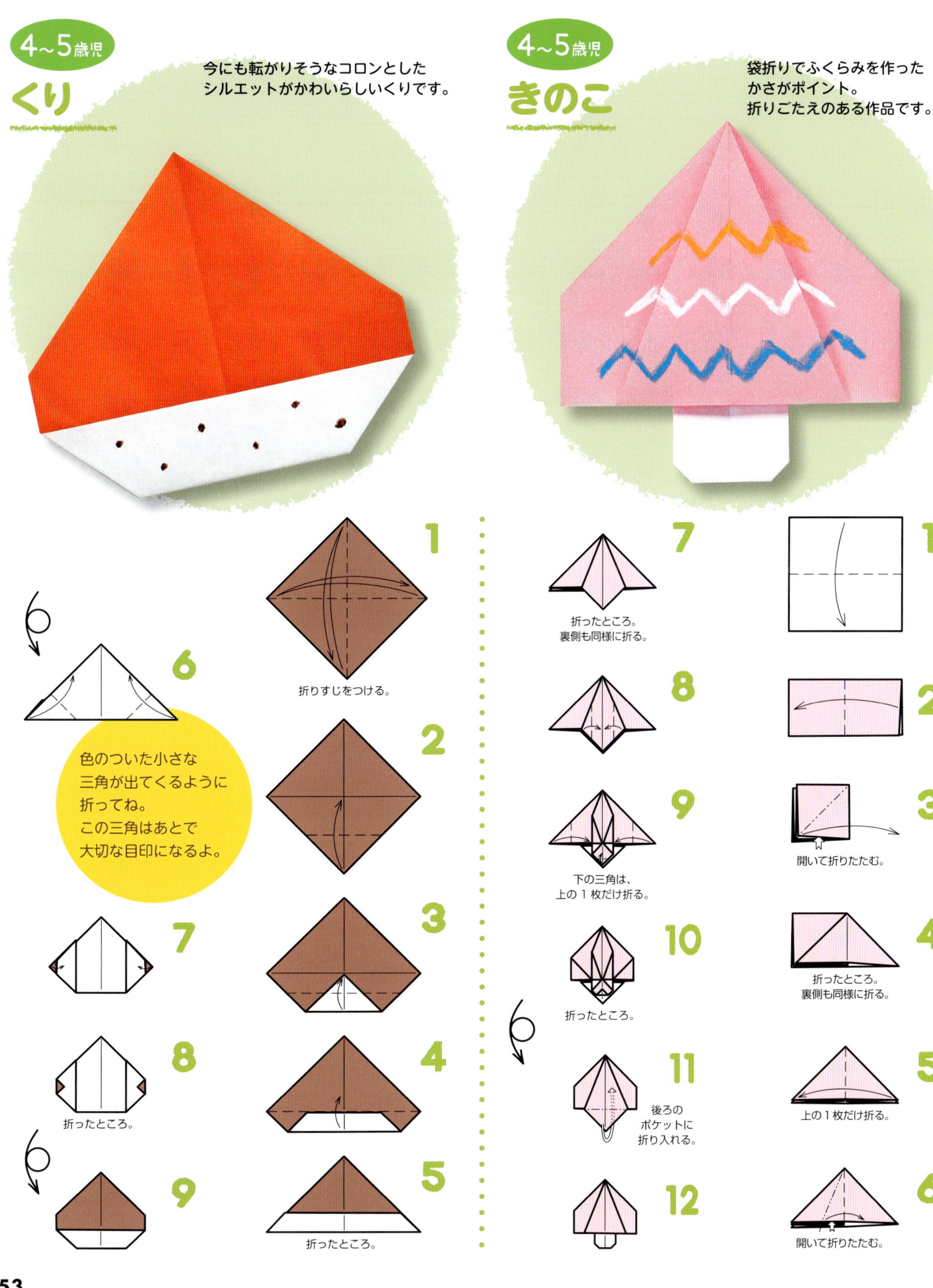

どんぐり
2～3歳児
半分に切った折り紙で
大きなぼうしのどんぐりがかんたんに作れます。
模様や顔を描いてかわいく仕上げましょう。
はじめに保育者が折り紙を
半分に切っておきます
1
2
●と●、○と○を
合わせて
線をつけるよ。
3
できた線に
とんがりさんを
くっつけて折ってね。
4
折ったところ。
5
上の線を先生の
指のところまで
持ってきてね。
6
どんぐりころころ
どんぶりこ～、の
完成！
アレンジプラン
秋の
親子遠足
なまえ のぞみ
秋は遠足の季節。遠足のしおりに作品を貼れば、
一人ひとりオリジナルのしおりが作れます。遠
足が待ち遠しくなりますね。

いぬ

大きく垂れたお耳が愛嬌たっぷり♥
ひっくり返すとねこになる、
２度うれしい作品です。

1

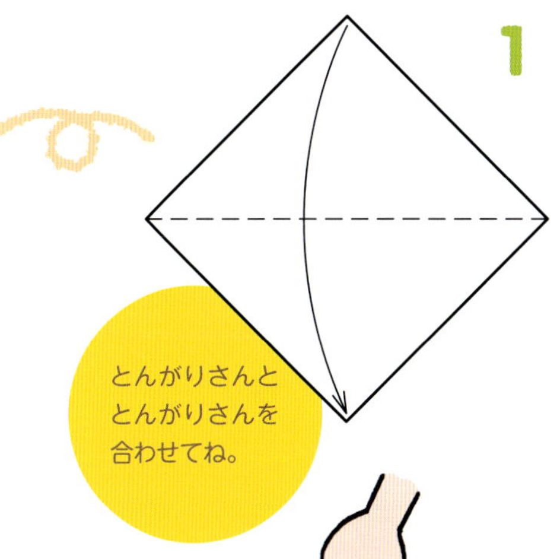

とんがりさんと
とんがりさんを
合わせてね。

2

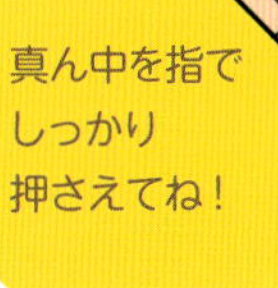

真ん中を指で
しっかり
押さえてね！

真ん中に指を置いて、
少しあけて両側を斜めに折る。

3

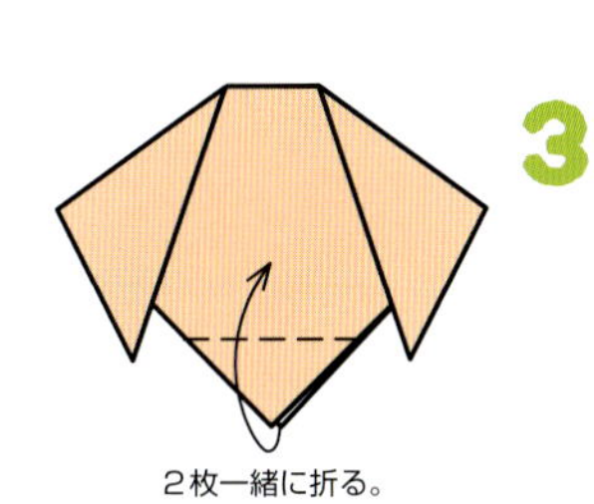

２枚一緒に折る。

4

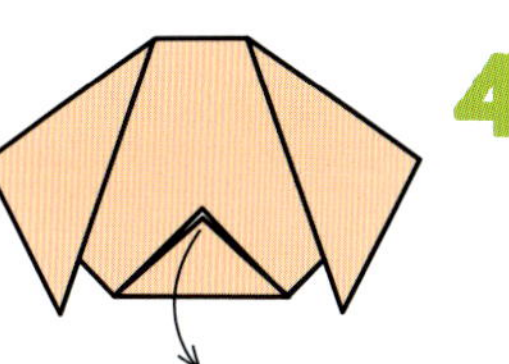

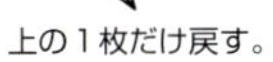

上の１枚だけ戻す。

5

折って中に入れる。

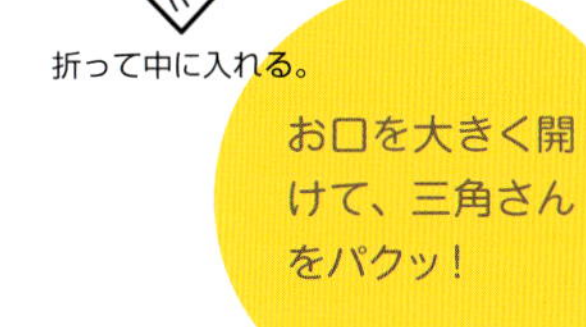

お口を大きく開
けて、三角さん
をパクッ！

6

顔を描く。

ワンちゃんのお顔
を裏側にひっくり
返すとねこちゃん
に変身～！

アレンジプラン

ゼリーの空き容器に、丸めたフラワーペーパーを入れて、いぬの体に見たてました。色も表情もさまざまな、かわいいワンちゃんたちが勢ぞろい！

11月のおりがみ

Point

❤毛糸を使ってみのむしを吊るし、あたたかな雰囲気で飾ります。

❤小さなあそび心で、虫食いの形の葉っぱをまぜてみましょう。子どもたちにとって、楽しい発見になるはずです。

窓飾り アイデア

4〜5歳児 のみのむしを使って

ゆらゆらみのむしの冬支度

冷たい秋の風に吹かれて、
ゆらゆら揺れるみのむしたち。
窓の向こうの秋の風景と一緒に楽しめます。

4～5歳児

みのむし

丸みのある、ふとっちょみのむし。
葉っぱを描き足して、
あたたかそうなみのにしましょう。

3～4歳児

みのむし

みのからちょこんと出た顔がキュート♥
左右を折りたたむ角度で
形が変わります。

3~4歳児

パトカー

子どもたちの大好きなパトカーは
黒が決め手。サイレンのランプは
赤く塗って仕上げましょう。

3~4歳児

ふくろう

大きな翼で飛んでいきそうなふくろう。
頭や羽の折り具合で
仕上がりの違いを楽しめます。

4～5歳児

でんしゃ

下を少し開くと自立する電車です。
何枚も折って、長くつなげてみても
よいですね。

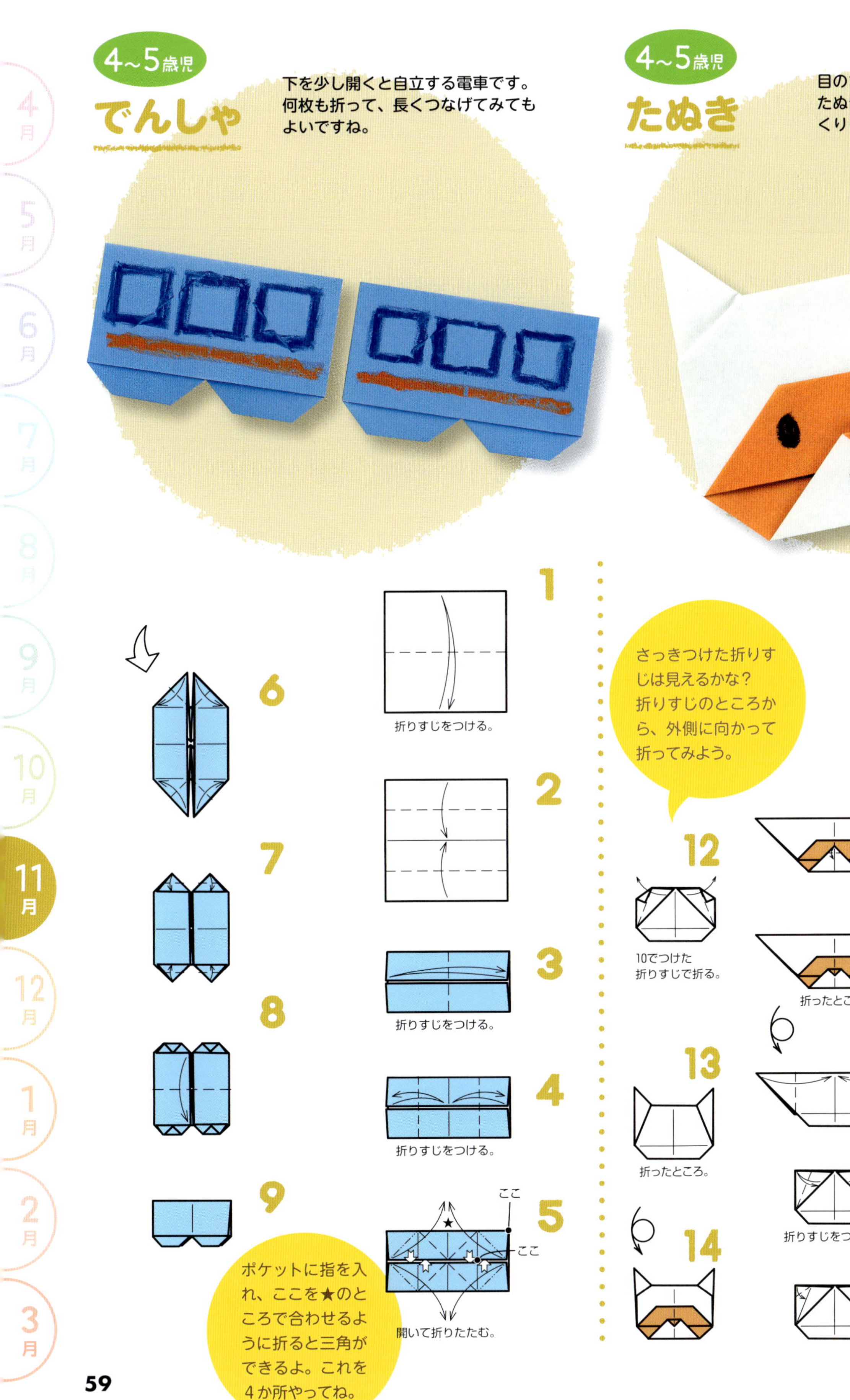

4～5歳児

たぬき

目のまわりの模様や三角の鼻が
たぬきらしい作品。
くりくりと丸い目を描いて。

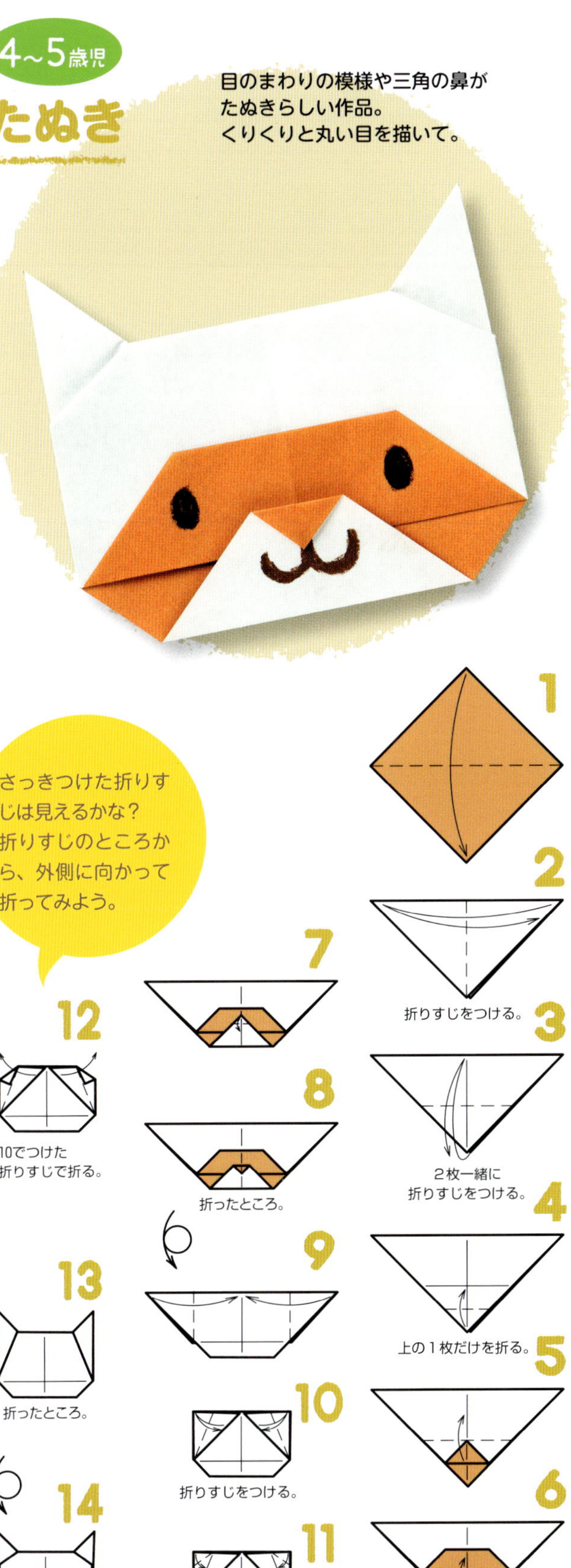

はっぱ

2〜3歳児

落ち葉の季節にぴったりの作品です。
紅葉した落ち葉を見て色を選んだり、
形を工夫したりしてもいいですね。

葉っぱを糸でつないだ吊るし飾り。窓に吊るして落ち葉のカーテン風に。

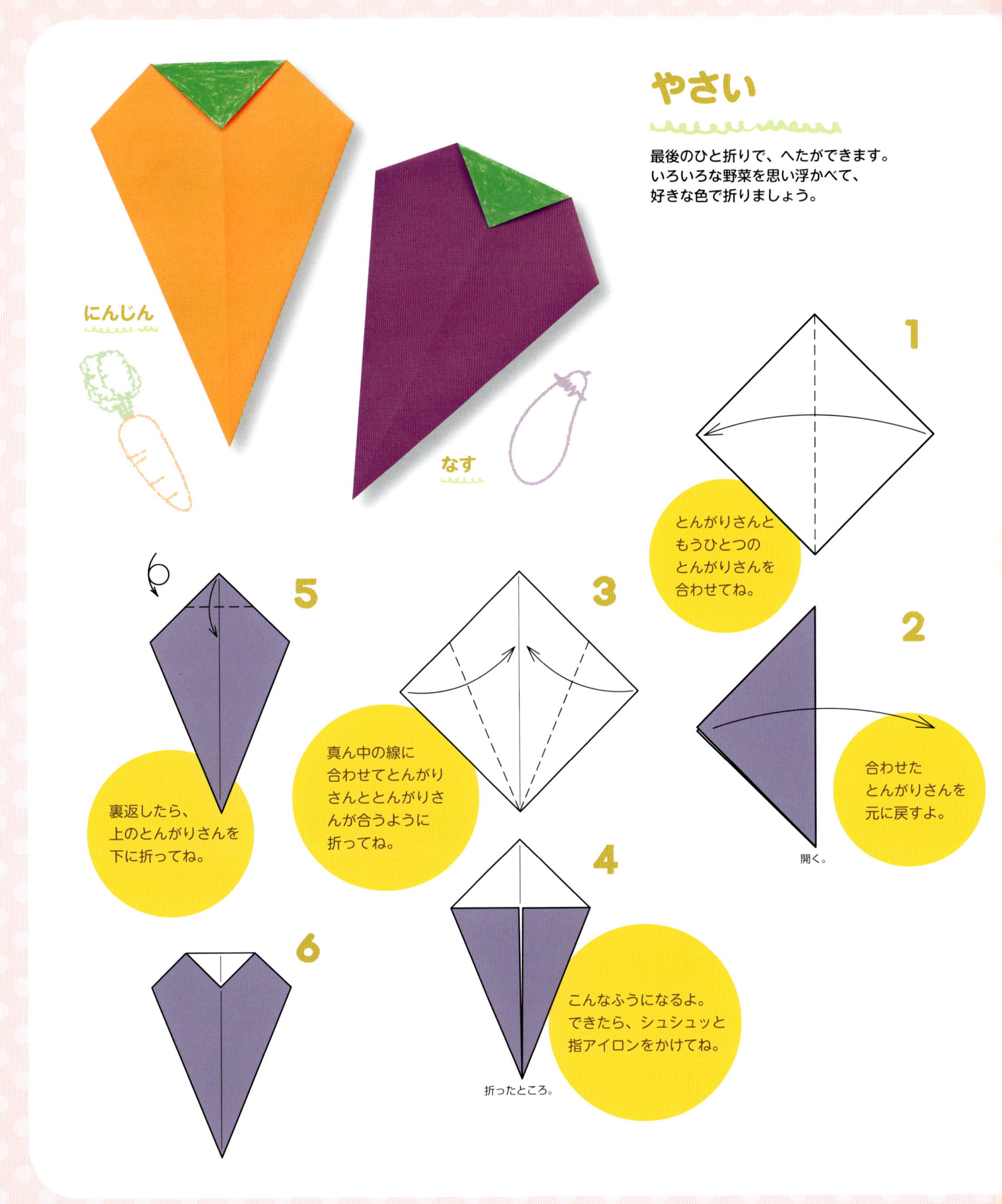

4月 5月 6月 7月 8月 9月 10月 11月 12月 1月 2月 3月

12月のおりがみ

Point

❤サンタクロースの体は、三角形に切った画用紙で。少し傾けて貼ると、動きが出て楽しい！

❤ホログラム折紙で、クリスマスらしく華やかに飾ります。

壁面アイデア

4~5歳児 のサンタクロースを使って

サンタツリーでジングル・ベル♪

クラス全員分のサンタを大きなツリーに飾って、
みんなでハッピーに過ごしましょう。
フラッグを添えれば、クリスマスパーティーの始まりです！

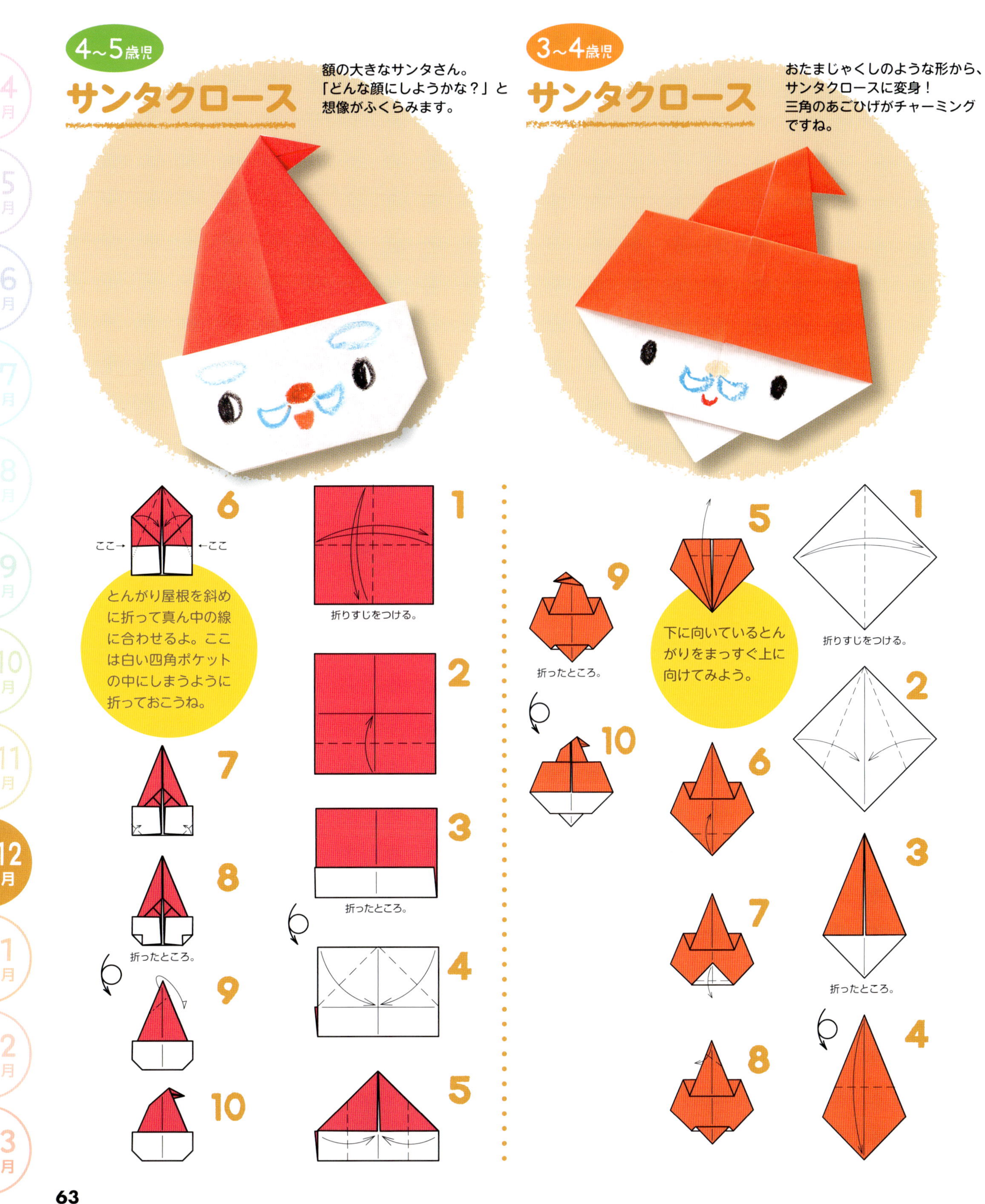

4〜5歳児
サンタクロース
額の大きなサンタさん。
「どんな顔にしようかな？」と
想像がふくらみます。
1
折りすじをつける。
2
3
折ったところ。
4
5
6
ここ→
←ここ
とんがり屋根を斜めに折って真ん中の線に合わせるよ。ここは白い四角ポケットの中にしまうように折っておこうね。
7
8
折ったところ。
9
10
3〜4歳児
サンタクロース
おたまじゃくしのような形から、
サンタクロースに変身！
三角のあごひげがチャーミング
ですね。
1
折りすじをつける。
2
3
折ったところ。
4
5
下に向いているとんがりをまっすぐ上に向けてみよう。
6
7
8
9
折ったところ。
10
4月
5月
6月
7月
8月
9月
10月
11月
12月
1月
2月
3月

Point

❤キラキラモールと色とりどりのフラワーペーパーのお花が、クリスマスの雰囲気を盛り上げます。

窓飾りアイデア

3～4歳児 のブーツを使って

ブーツに願いをこめて★

「サンタさん来てくれるかな？」と、
ワクワクしながら折ったブーツ。
子どもたちの願いにサンタさんが気づいてくれるよう、
窓際に吊るしましょう。

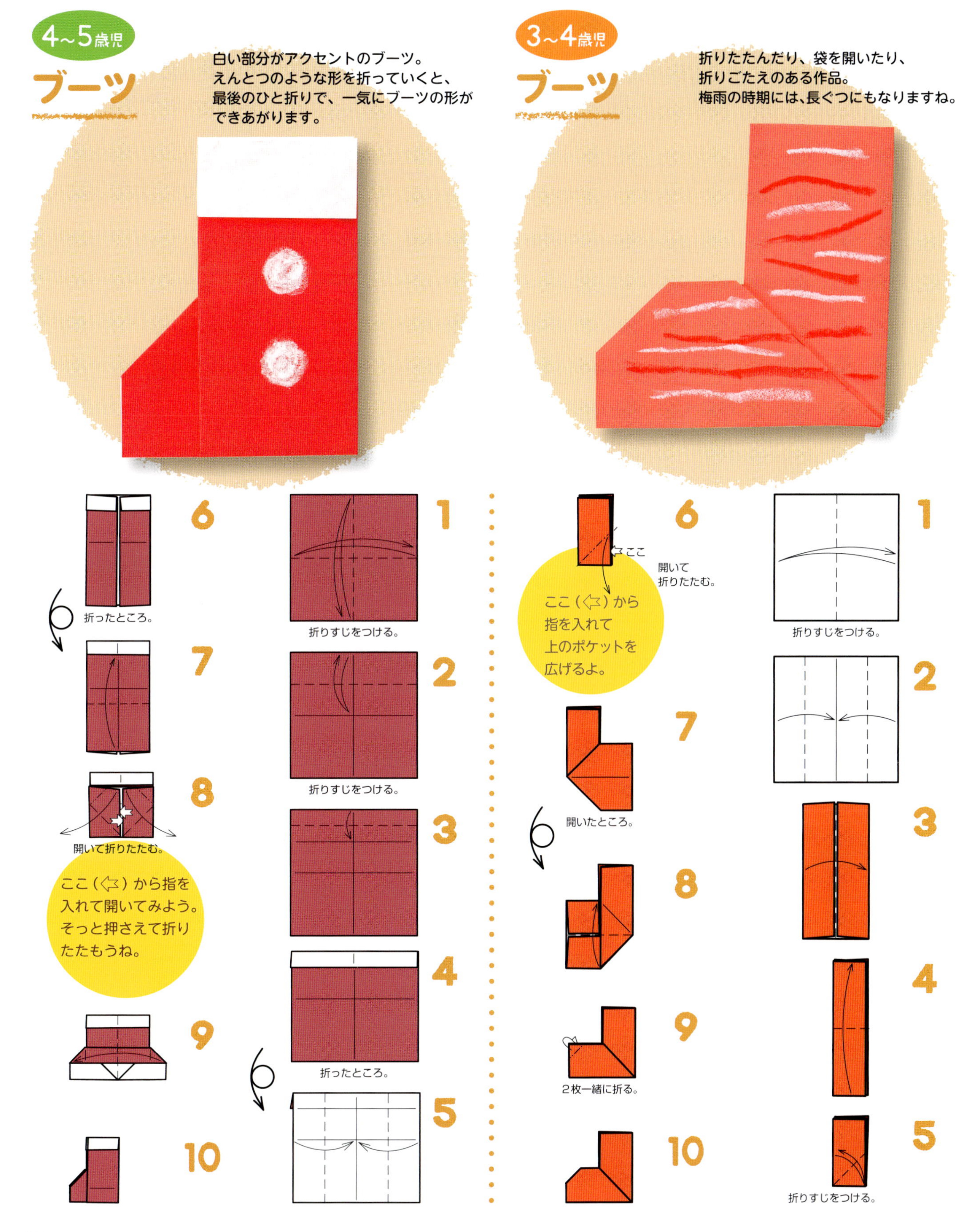
4～5歳児
ブーツ
白い部分がアクセントのブーツ。
えんとつのような形を折っていくと、
最後のひと折りで、一気にブーツの形が
できあがります。
1
折りすじをつける。
2
折りすじをつける。
3
4
折ったところ。
5
6
折ったところ。
7
8
開いて折りたたむ。
ここ（⇦）から指を
入れて開いてみよう。
そっと押さえて折り
たたもうね。
9
10
3～4歳児
ブーツ
折りたたんだり、袋を開いたり、
折りごたえのある作品。
梅雨の時期には、長ぐつにもなりますね。
1
折りすじをつける。
2
3
4
5
折りすじをつける。
6
ここ
開いて
折りたたむ。
ここ（⇦）から
指を入れて
上のポケットを
広げるよ。
7
開いたところ。
8
9
2枚一緒に折る。
10

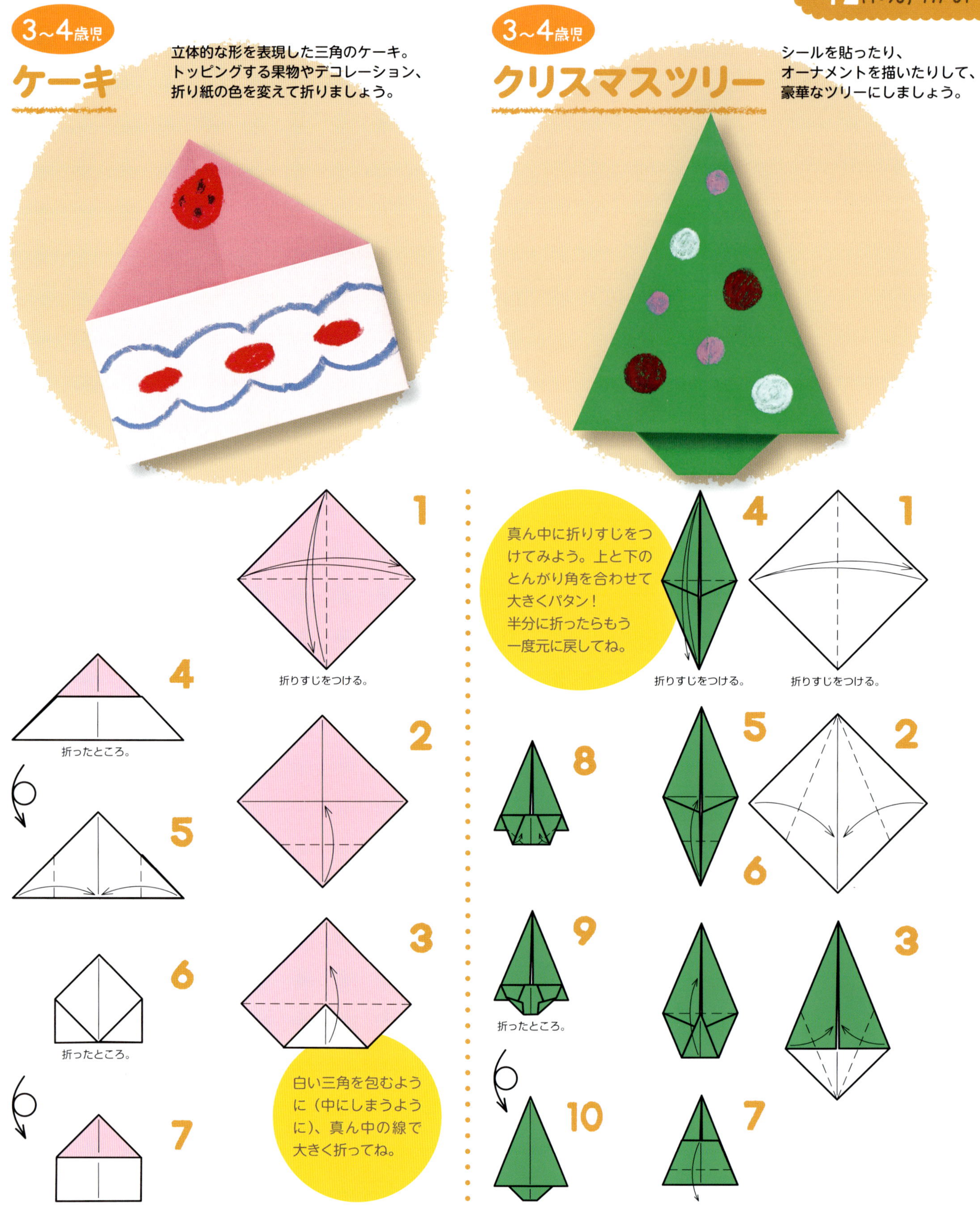
3～4歳児
ケーキ
立体的な形を表現した三角のケーキ。
トッピングする果物やデコレーション、
折り紙の色を変えて折りましょう。
1
折りすじをつける。
2
3
白い三角を包むように（中にしまうように）、真ん中の線で大きく折ってね。
4
折ったところ。
5
6
折ったところ。
7
3～4歳児
クリスマスツリー
シールを貼ったり、
オーナメントを描いたりして、
豪華なツリーにしましょう。
1
折りすじをつける。
2
3
4
折りすじをつける。
真ん中に折りすじをつけてみよう。上と下のとんがり角を合わせて大きくパタン！
半分に折ったらもう一度元に戻してね。
5
6
7
8
9
折ったところ。
10

4～5歳児
トナカイ
立派なつのが存在感を放つ作品です。目や鼻はもちろん、枝分かれしたつのを描いてもかっこいいですね！
開いて折りたたむ。
折ったところ。裏側も同様に折る。
上の１枚だけを折る。
開いて折りたたむ。
折ったところ。
２枚一緒に折る。
上の１枚だけを折る。
折ったところ。
小さなポケットをふたつ見つけたよ！指を入れてふわっと開いたら上からそっと押さえてね。
4～5歳児
りんご
葉っぱがついた、とてもキュートなりんご。折る工程は多めですが、無理なく折り進めることができ、仕上がりの満足度も高い作品です。
開いて折りたたむ。
折ったところ。裏側も同様に折る。
上の１枚を折る。
上の１枚を折る。
上の１枚を戻す。
反対側も６～８と同様に折る。
折ったところ。
開いて折りたたむ。
右側の角を左側の角に重ねてね。
4月
5月
6月
7月
8月
9月
10月
11月
12月
1月
2月
3月

12月のおりがみ
サンタクロース
2～3歳児
みんなのおうちに来てくれるサンタさんは
どんなお顔？　どんなおひげ？
想像しながら顔を描き入れるのが楽しい作品です。
1
折りすじをつける。
黒丸さんと黒丸さん、白丸さんと白丸さんを「こんにちは」したら開いてね。
2
（上のふたつの）角を、できた線の真ん中にくっつけるように折って三角屋根のおうちを作ってね。
3
折ったところ。
4
（下のふたつの）角をめくるように持ち上げて、三角に折るよ。
5
折ったところ。
6
裏返したところ。
7
お顔を描いて、とんがりさんに白いシールを貼ったら、サンタさんのできあがり！

クリスマスツリー

シンプルでかんたんなツリー。
茶色の折り紙を幹に、オーナメントには
色とりどりの丸シールを貼りました。

1

黒丸さんと黒丸さん、白丸さんと白丸さんを合わせて「こんにちは」。折ったところは、しっかり指でアイロンをかけてね。

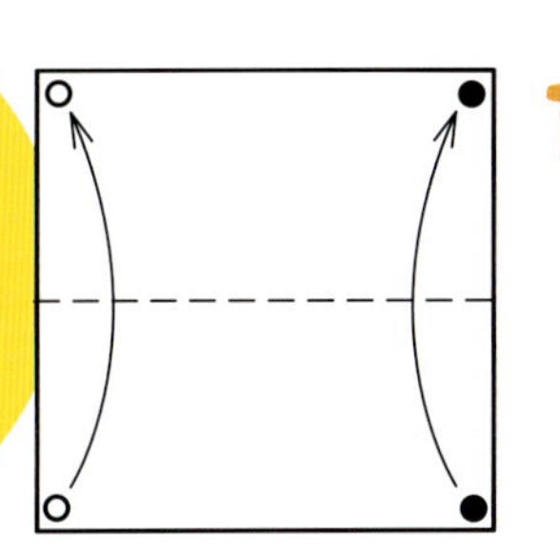

2

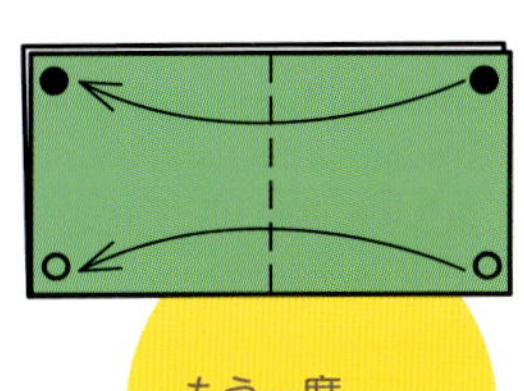

もう一度、「こんにちは」！

3

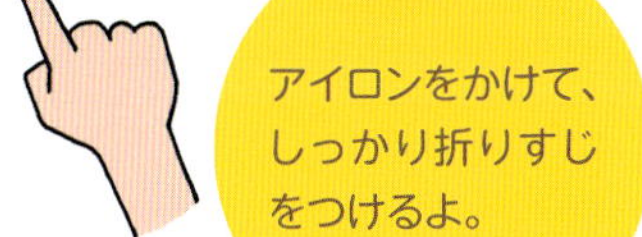

アイロンをかけて、しっかり折りすじをつけるよ。

4

折った折り紙を開いて元の形に戻すよ。ばってんができたかな？

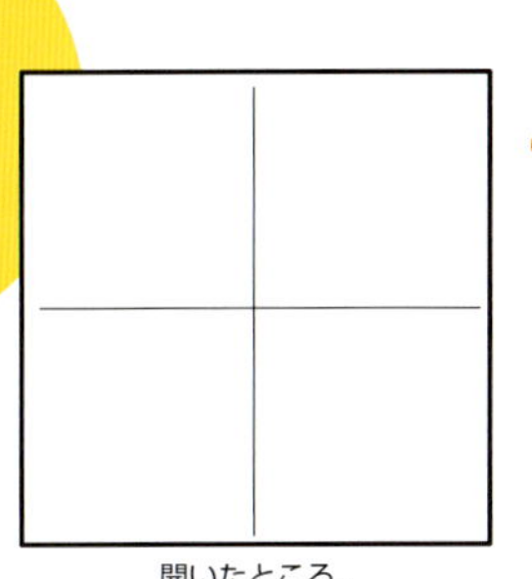

開いたところ。

5

ここのとんがりさんをばってんの真ん中に持っていくよ。

6

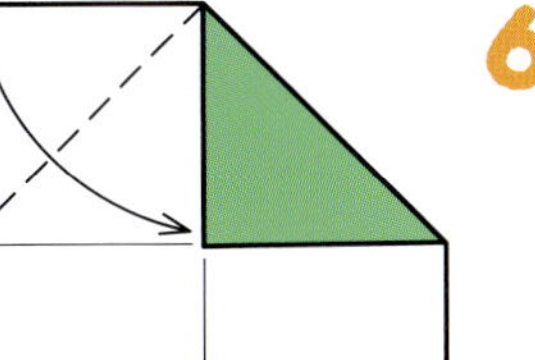

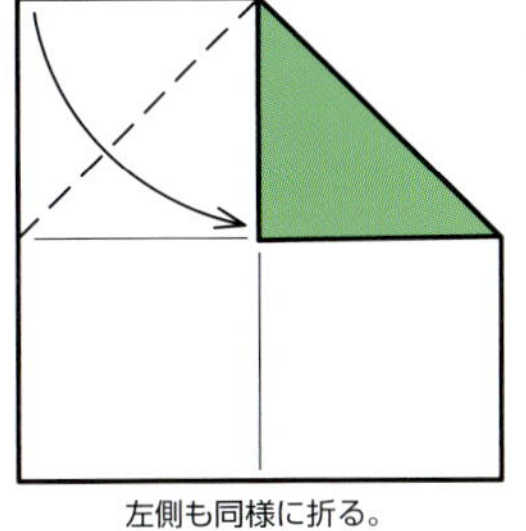

左側も同様に折る。

7

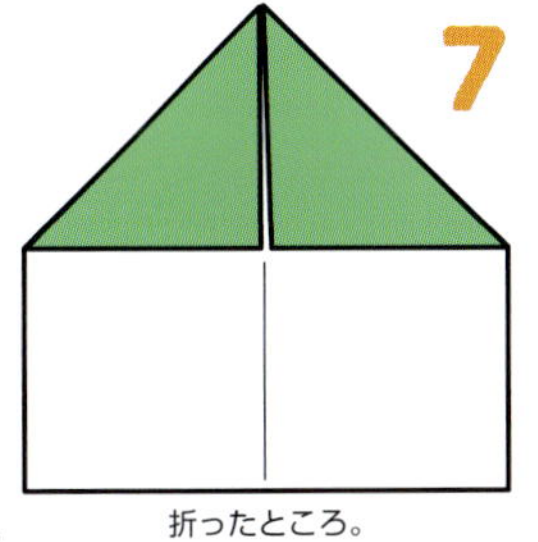

折ったところ。

8

アレンジプラン

サンタクロース

赤いぼうしは、サンタさんのトレードマーク。どんなお顔のサンタさんになったかな？

ケーキ

丸シールやクレヨンで生クリームやいちご、ジャムなど、楽しくデコレーションしましょう。

1月のおりがみ

壁面アイデア

3～4歳児のししまいを使って

ししまいと一緒に新年のお祝い

一年の始まりにぴったりな、おめでたい雰囲気の壁面。
全体にちりばめた金銀の折り紙や、
上下に入れた和風な色合いの帯で、華やかにまとめました。

Point

- 画用紙の体に、自由にちぎった千代紙や折り紙を貼るとグッと和の雰囲気に。
- 足は、細長く切った画用紙を折り上げて作ることで、動きが出ます。

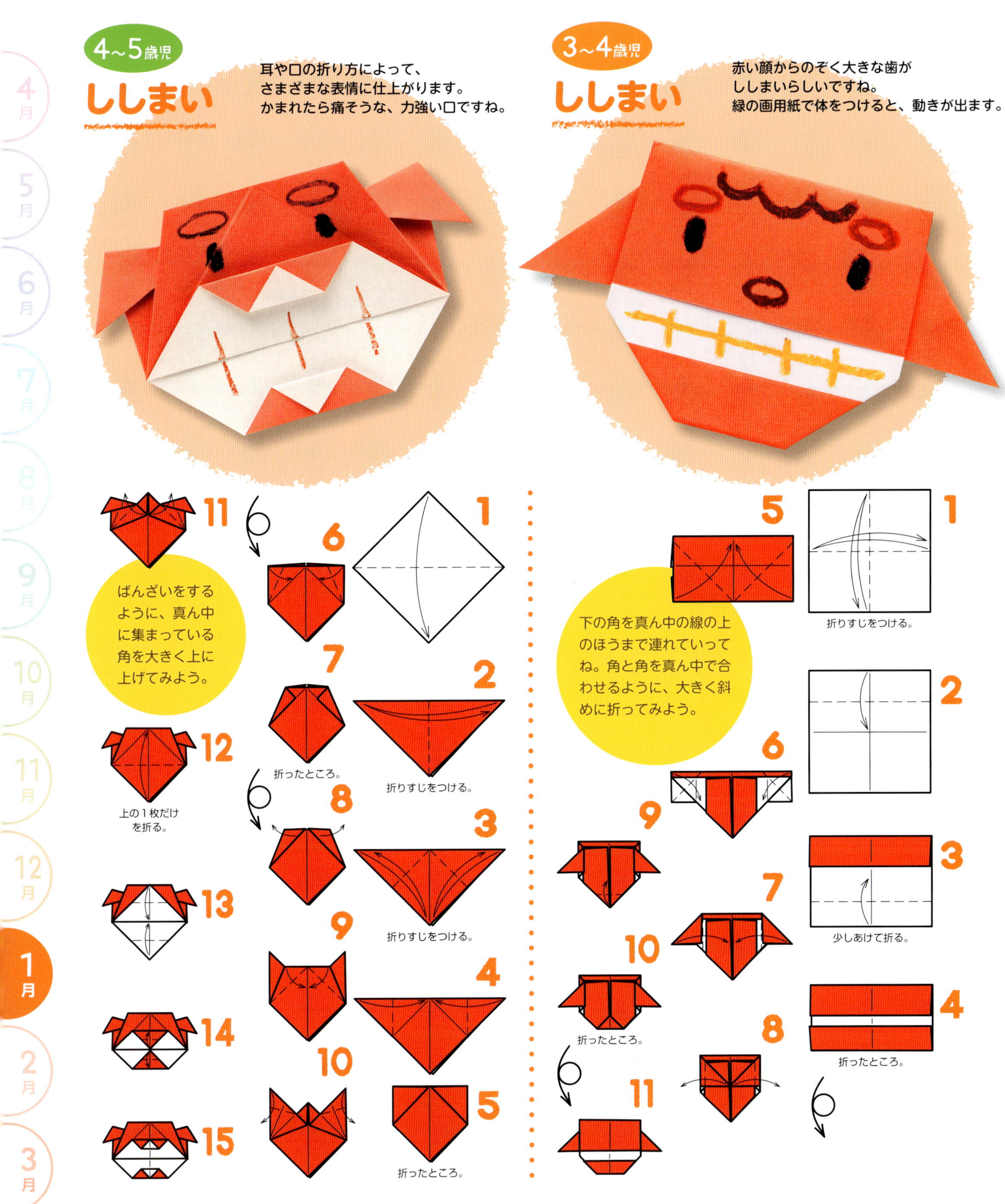

4~5歳児
ししまい
耳や口の折り方によって、
さまざまな表情に仕上がります。
かまれたら痛そうな、力強い口ですね。
3~4歳児
ししまい
赤い顔からのぞく大きな歯が
ししまいらしいですね。
緑の画用紙で体をつけると、動きが出ます。
4月
5月
6月
7月
8月
9月
10月
11月
12月
1月
2月
3月
1
2
折りすじをつける。
3
折りすじをつける。
4
5
折ったところ。
6
7
折ったところ。
8
9
10
11
ばんざいをするように、真ん中に集まっている角を大きく上に上げてみよう。
12
上の1枚だけを折る。
13
14
15
1
折りすじをつける。
2
3
少しあけて折る。
4
折ったところ。
5
下の角を真ん中の線の上のほうまで連れていってね。角と角を真ん中で合わせるように、大きく斜めに折ってみよう。
6
7
8
9
10
折ったところ。
11

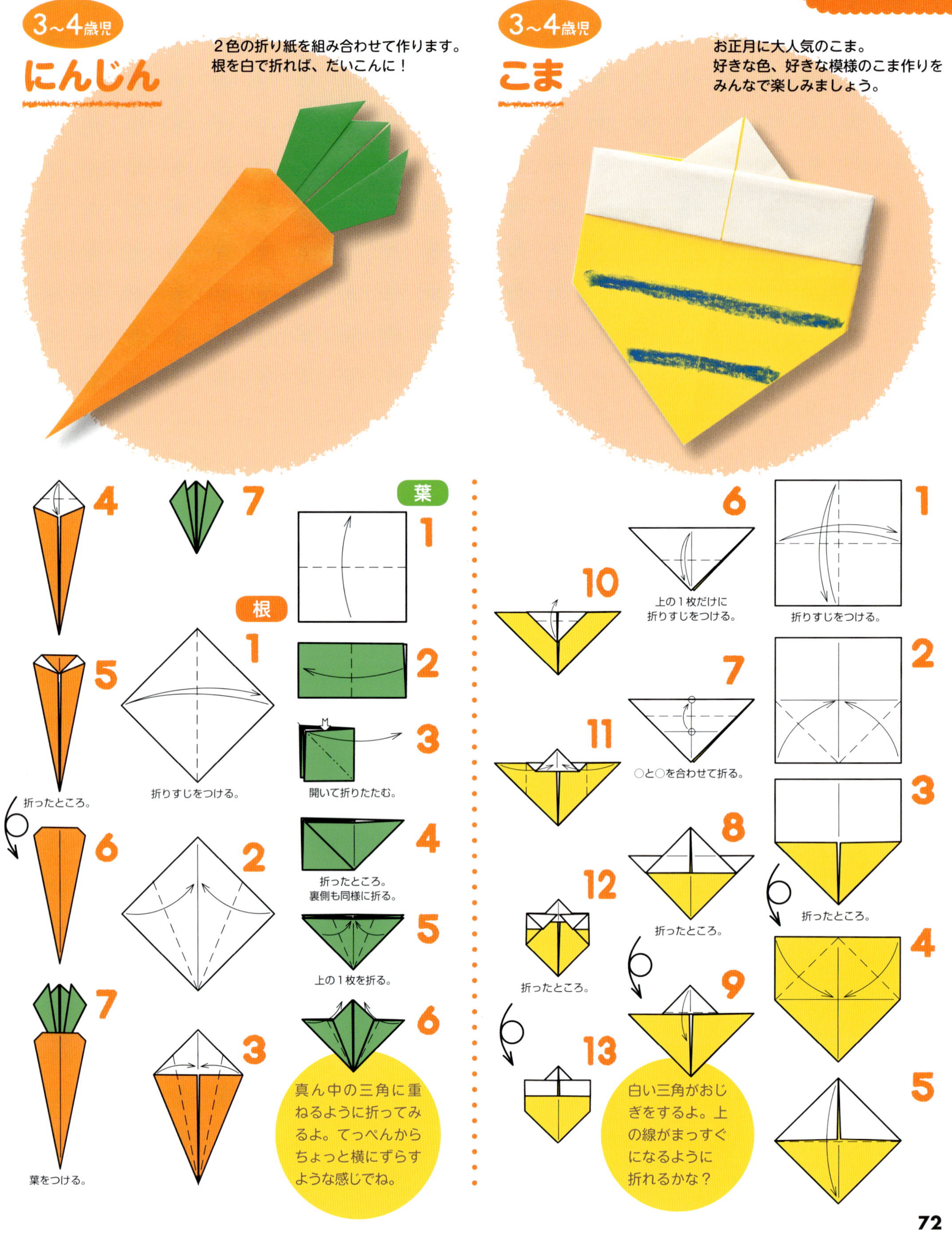
3〜4歳児
にんじん
2色の折り紙を組み合わせて作ります。
根を白で折れば、だいこんに！
葉
1
2
3
開いて折りたたむ。
4
折ったところ。
裏側も同様に折る。
5
上の1枚を折る。
6
7
根
1
折りすじをつける。
2
3
真ん中の三角に重ねるように折ってみるよ。てっぺんからちょっと横にずらすような感じでね。
4
5
折ったところ。
6
7
葉をつける。
3〜4歳児
こま
お正月に大人気のこま。
好きな色、好きな模様のこま作りをみんなで楽しみましょう。
1
折りすじをつける。
2
3
折ったところ。
4
5
6
上の1枚だけに折りすじをつける。
7
○と○を合わせて折る。
8
折ったところ。
9
白い三角がおじぎをするよ。上の線がまっすぐになるように折れるかな？
10
11
12
折ったところ。
13

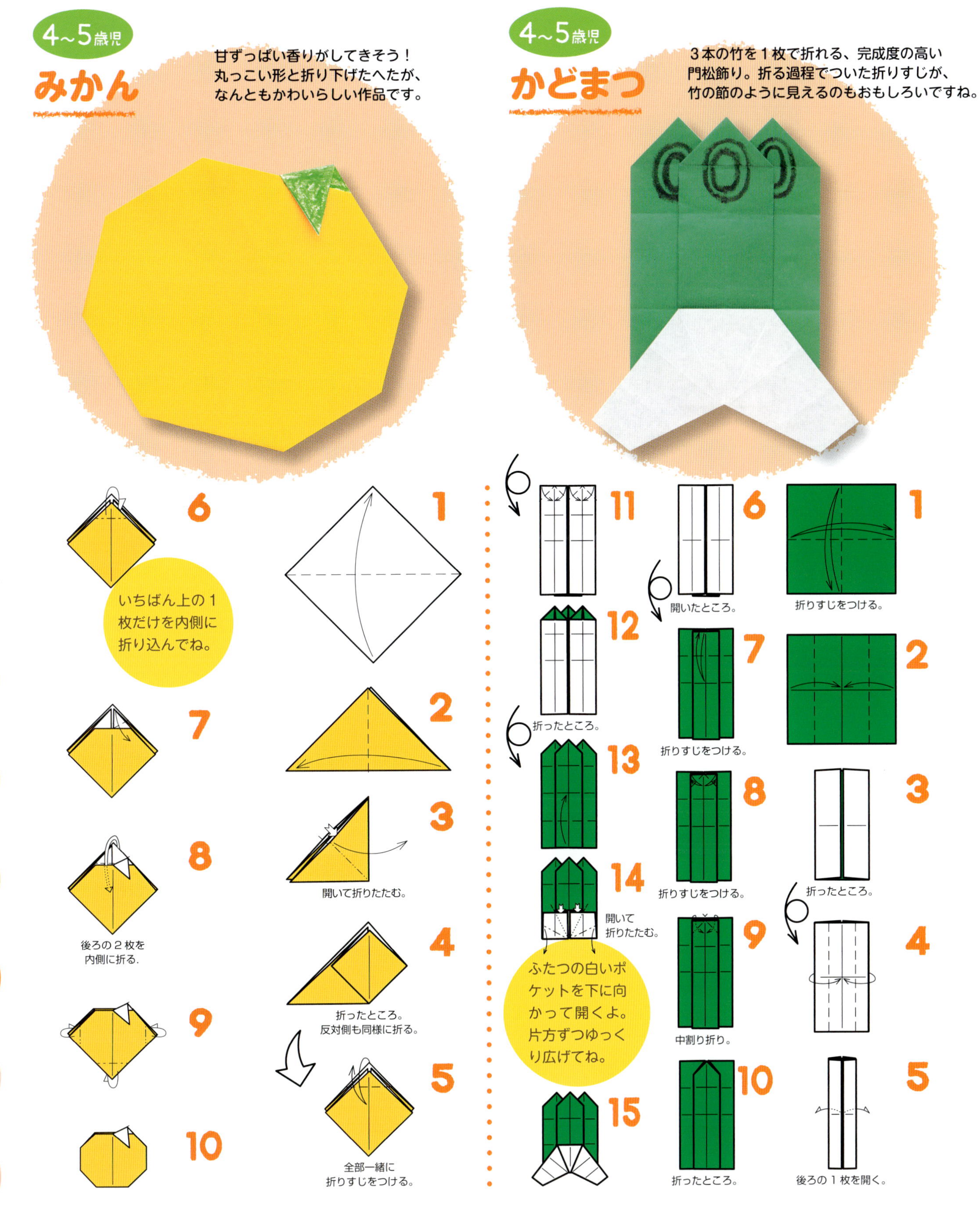
4～5歳児
みかん
甘ずっぱい香りがしてきそう！
丸っこい形と折り下げたへたが、
なんともかわいらしい作品です。
1
2
3
開いて折りたたむ。
4
折ったところ。
反対側も同様に折る。
5
全部一緒に
折りすじをつける。
6
いちばん上の１枚だけを内側に折り込んでね。
7
8
後ろの２枚を
内側に折る。
9
10
4～5歳児
かどまつ
３本の竹を１枚で折れる、完成度の高い
門松飾り。折る過程でついた折りすじが、
竹の節のように見えるのもおもしろいですね。
1
折りすじをつける。
2
3
折ったところ。
4
5
後ろの１枚を開く。
6
開いたところ。
7
折りすじをつける。
8
折りすじをつける。
9
中割り折り。
10
折ったところ。
11
12
折ったところ。
13
14
開いて
折りたたむ。
ふたつの白いポケットを下に向かって開くよ。片方ずつゆっくり広げてね。
15

ししまい

2～3歳児

２色の折り紙を組み合わせて作ります。
ししまいをまだ知らない子どもたちには、
絵本などでお話をしてから折るようにすると、
イメージしやすいでしょう。

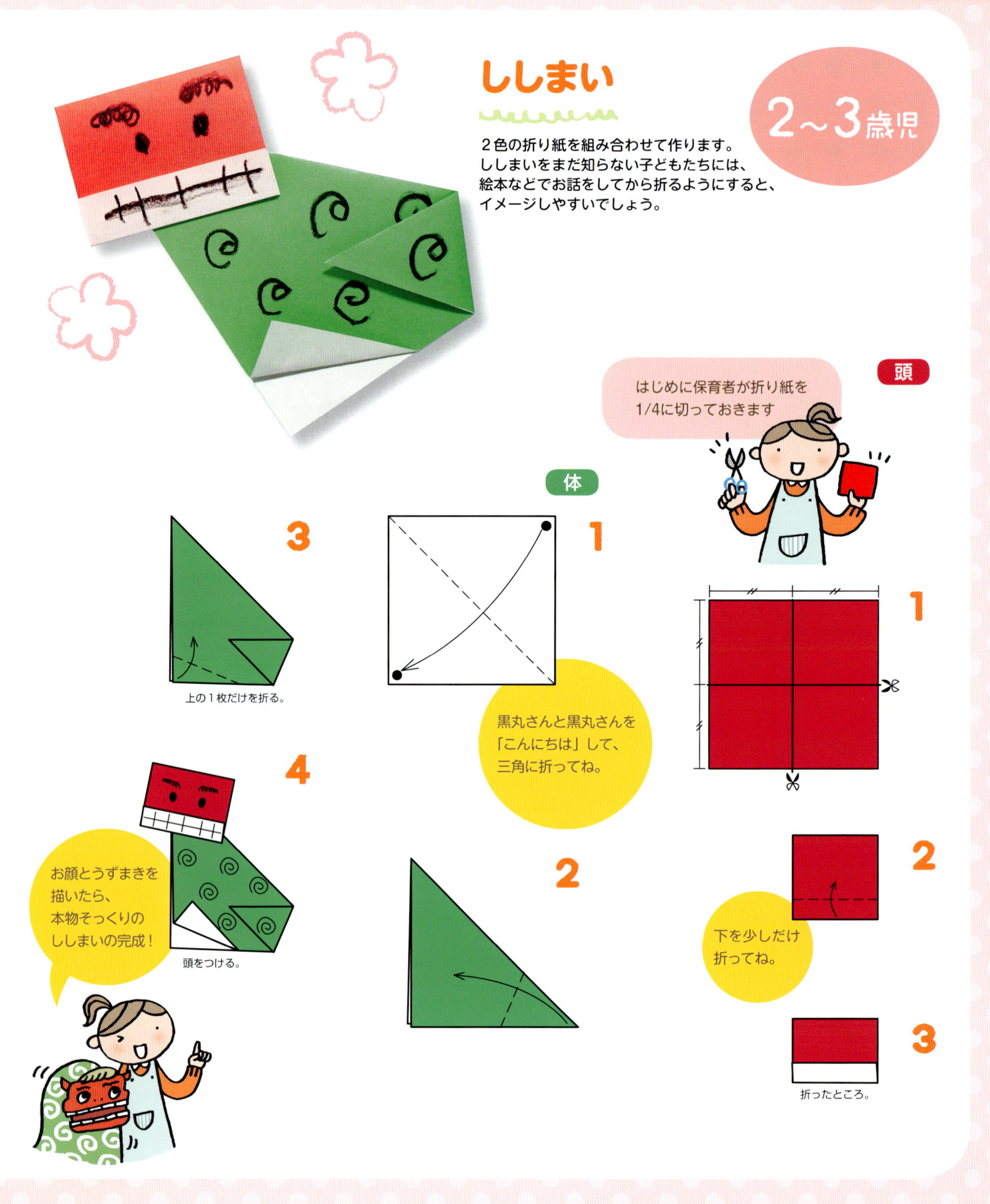

かがみもち

重ねて貼るのが楽しい作品です。
焼けてぷくっとふくらんだおもちに
見たてても、おもしろいですね。

壁面アイデア

3~4歳児 のおにを使って

おにさんもなかよく「ふくは~内!」

カラフルなおにさんたちと一緒に、元気に豆まき。
おにさんの表情や髪を描き込んだり、
パンツに模様を描いたりするのも楽しい作品です。

Point

- ❤小さく切ったクラフト紙を丸めて、立体的に豆を表現。たくさん作って、にぎやかに。
- ❤おにのパンツと体は、画用紙で作ります。

4～5歳児
おに
折る工程は多めですが、基本的な折りのくり返しでかんたんにできるのが魅力。いろいろな表情の顔を描いて楽しみましょう。
折りすじをつける。
上の１枚を折る。
上に飛び出るように、三角を折ってね。とびでたところがつのになるよ。
折ったところ。
折ったところ。
3～4歳児
おに
シンプルな折り方で形がとりやすい作品。後半の折り下げ方によって、つのの長さや顔の幅が変わります。
折りすじをつける。
折りすじをつける。
ふたつの角を、この線に合わせてちょっぴり三角に折ってね。
折ったところ。
折ったところ。
折ったところ。
4月
5月
6月
7月
8月
9月
10月
11月
12月
1月
2月
3月

Point

- モヘアの毛糸やポンポンなど、もこもこ素材をたっぷり使って、ほっこりあたたかい雰囲気に。
- 結晶が回転してキラキラと光るのも、雪の世界にぴったりです。

モビール アイデア

4~5歳児 のゆきだるまを使って

ゆきだるまと キラキラ雪の世界

ゆきだるまとマトリョーシカが、ゆらゆら、くるくる。
回転するたびにきらめくホログラム折り紙が、
本物の雪の結晶のよう。窓際に吊るせば、
陽の光を受けて、室内をキラキラと輝かせてくれます。

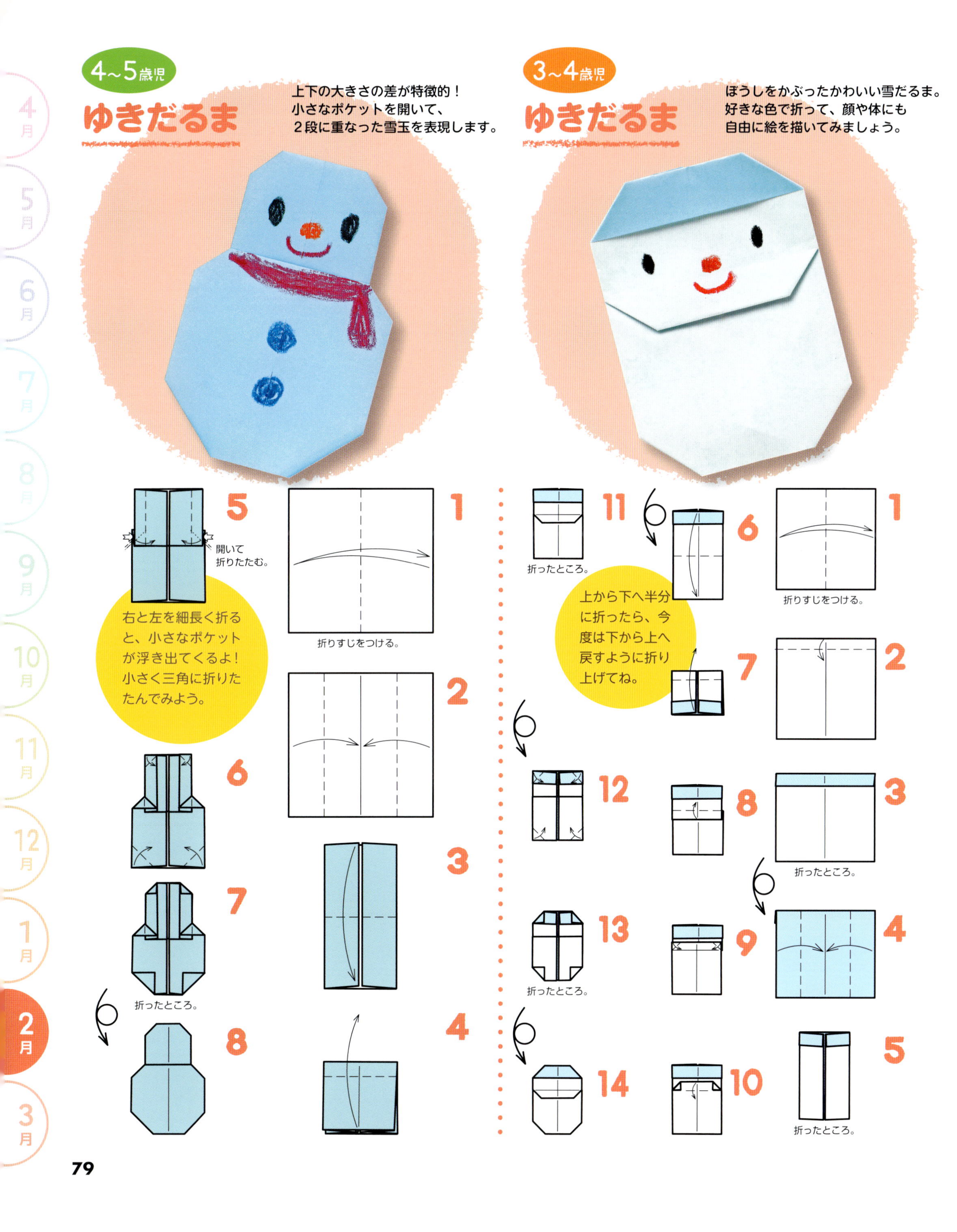

4～5歳児
ゆきだるま
上下の大きさの差が特徴的！
小さなポケットを開いて、
２段に重なった雪玉を表現します。
1
折りすじをつける。
2
3
4
5
開いて
折りたたむ。
右と左を細長く折ると、小さなポケットが浮き出てくるよ！小さく三角に折りたたんでみよう。
6
7
折ったところ。
8
3～4歳児
ゆきだるま
ぼうしをかぶったかわいい雪だるま。
好きな色で折って、顔や体にも
自由に絵を描いてみましょう。
1
折りすじをつける。
2
3
折ったところ。
4
5
折ったところ。
6
7
上から下へ半分に折ったら、今度は下から上へ戻すように折り上げてね。
8
9
10
11
折ったところ。
12
13
折ったところ。
14
4月
5月
6月
7月
8月
9月
10月
11月
12月
1月
2月
3月

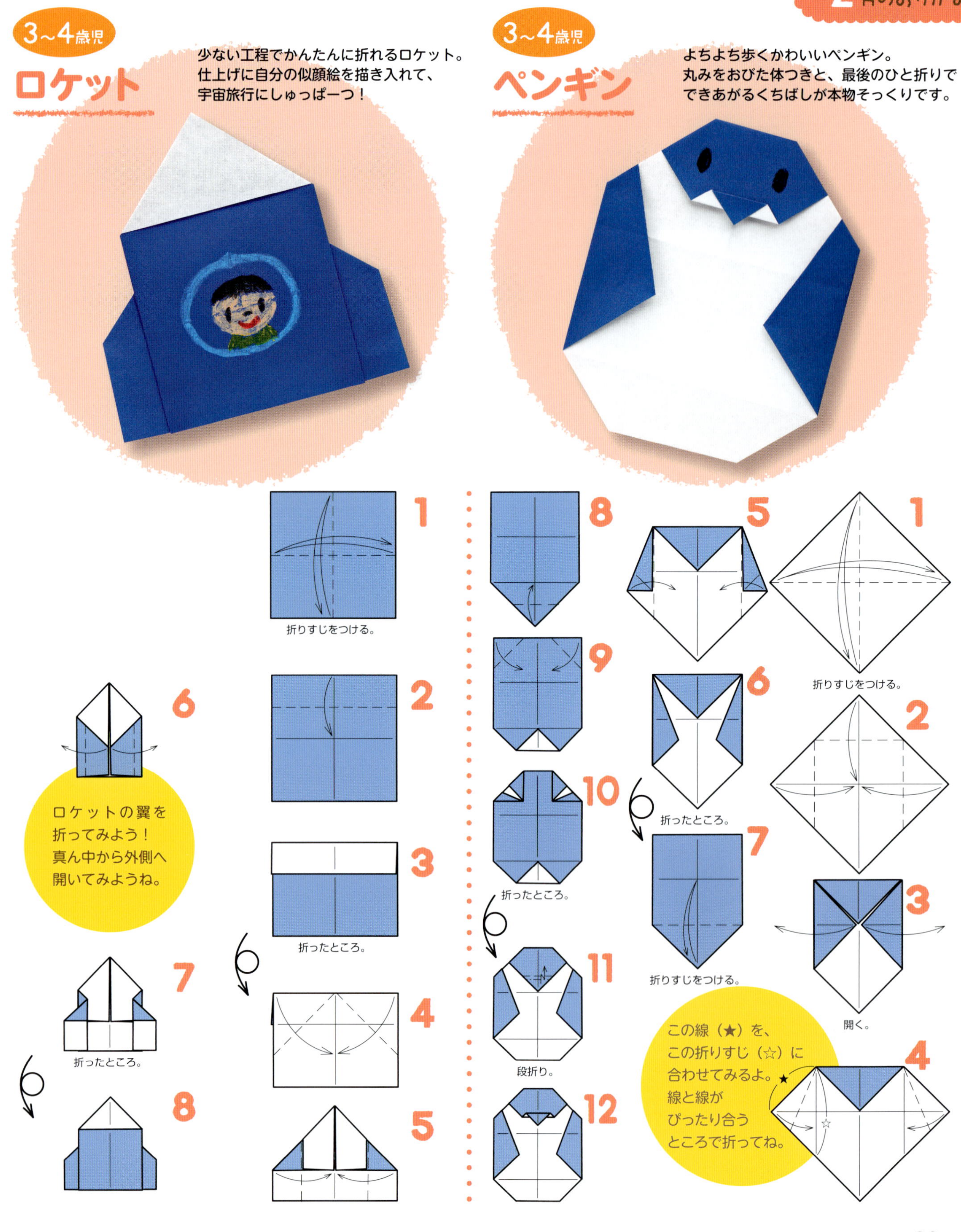
3～4歳児
ロケット
少ない工程でかんたんに折れるロケット。
仕上げに自分の似顔絵を描き入れて、
宇宙旅行にしゅっぱーつ！
1
折りすじをつける。
2
3
折ったところ。
4
5
6
ロケットの翼を
折ってみよう！
真ん中から外側へ
開いてみようね。
7
折ったところ。
8
3～4歳児
ペンギン
よちよち歩くかわいいペンギン。
丸みをおびた体つきと、最後のひと折りで
できあがるくちばしが本物そっくりです。
1
折りすじをつける。
2
3
開く。
4
この線（★）を、
この折りすじ（☆）に
合わせてみるよ。
線と線が
ぴったり合う
ところで折ってね。
5
6
折ったところ。
7
折りすじをつける。
8
9
10
折ったところ。
11
段折り。
12

4～5歳児
ハート
細かな折りもある、やや難易度の高い作品です。角と角をしっかり合わせて折ると、きれいなハートの形に仕上がります。
1
折りすじをつける。
2
3
4
折りすじをつける。
5
折りすじをつける。
6
開いて折りたたむ。
真ん中の角を下の角に合わせてポケットを広げたら、折りすじに沿ってそっと押さえてね。ひとつずつ広げてみようね。
7
折ったところ。
8
折りすじをつける。
9
開いて折りたたむ。
10
11
折ったところ。
12
4～5歳児
パンダ
丸い耳がちょこんととびでたパンダ。黒ぶちの垂れ目を描いて、キュートに仕上げましょう。
1
2
折りすじをつける。
3
4
上の１枚を折る。
5
6
開いて折りたたむ。
7
8
２枚一緒に折る。
9
10
11
折ったところ。
12
4月
5月
6月
7月
8月
9月
10月
11月
12月
1月
2月
3月

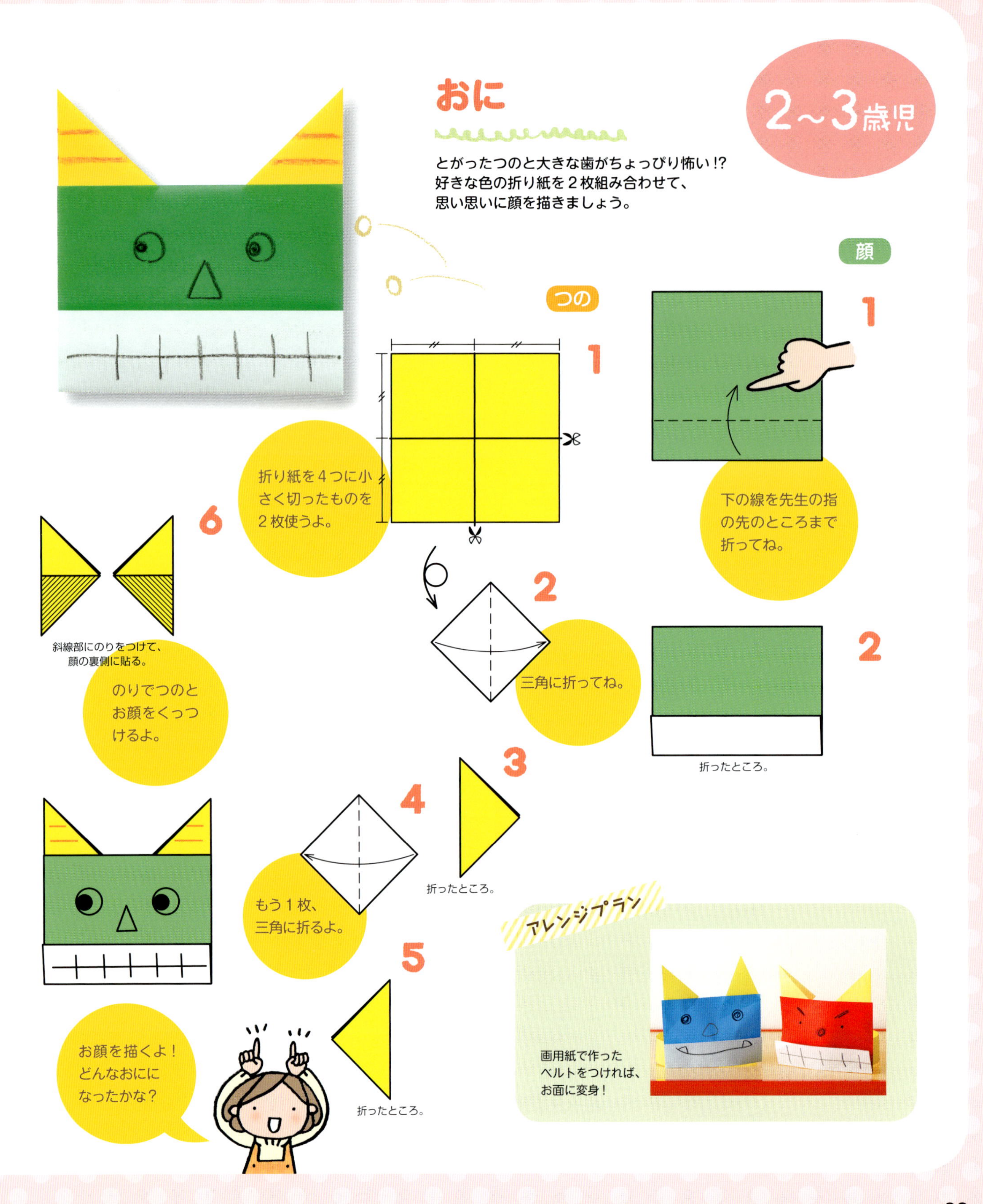
おに
2~3歳児
とがったつのと大きな歯がちょっぴり怖い!?
好きな色の折り紙を2枚組み合わせて、
思い思いに顔を描きましょう。
つの
1
折り紙を4つに小さく切ったものを2枚使うよ。
2
三角に折ってね。
3
折ったところ。
4
もう1枚、三角に折るよ。
5
折ったところ。
6
斜線部にのりをつけて、顔の裏側に貼る。
のりでつのとお顔をくっつけるよ。
お顔を描くよ！どんなおにになったかな？
顔
1
下の線を先生の指の先のところまで折ってね。
2
折ったところ。
アレンジプラン
画用紙で作ったベルトをつければ、お面に変身！

おはな

中心に向かって折る、基本の折り方を
アレンジして作るおはなです。
中心に絵を描いたり、メダルにしたり、
お花以外のものに見たててもいいですね。

1

とんがりさんと
とんがりさんが
「こんにちは」を
したら紙を開いてね。

折りすじをつける。

2

4つのとんがりさん、先生の指のところに集まれ〜！

3

集まった
とんがりさんを
開くよ。

4

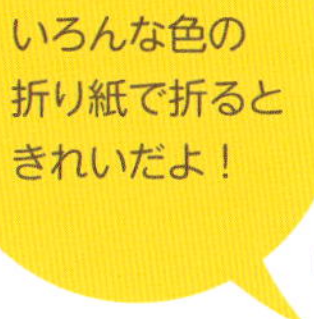

いろんな色の
折り紙で折ると
きれいだよ！

3月のおりがみ

壁面アイデア

3～4歳児 のおひなさまを使って

桃の花咲くひなまつり

大きな丸い台紙に、花びらのように飾りつけて、
おひなさまの花を咲かせましょう。
黄色と黄緑のラインが、春らしく桃の花を引き立てます。

Point

♥丸く切った千代紙で和の雰囲気を、フラワーペーパーのお花で立体感を加えて、華やかに飾ります。

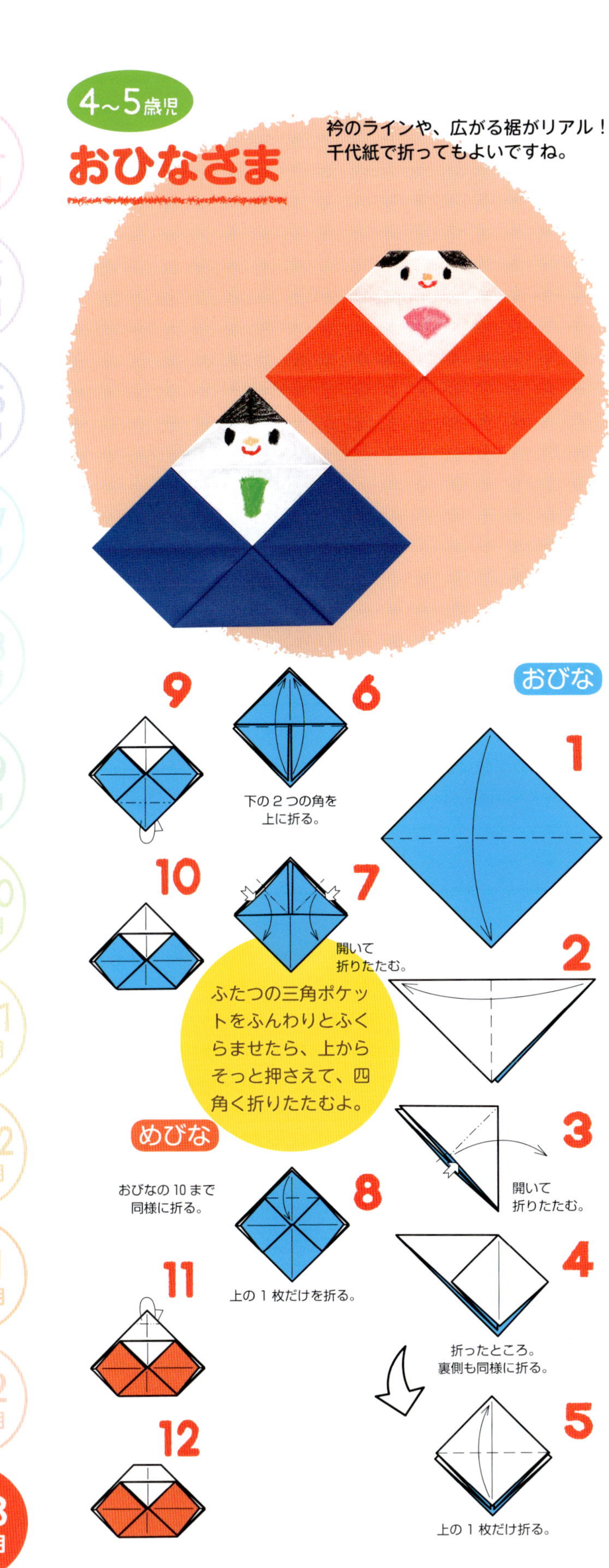
4~5歳児
おひなさま
衿のラインや、広がる裾がリアル！
千代紙で折ってもよいですね。
おびな
1
2
3
開いて
折りたたむ。
4
折ったところ。
裏側も同様に折る。
5
上の１枚だけ折る。
6
下の２つの角を
上に折る。
7
開いて
折りたたむ。
ふたつの三角ポケットをふんわりとふくらませたら、上からそっと押さえて、四角く折りたたむよ。
8
上の１枚だけを折る。
9
10
めびな
おびなの10まで
同様に折る。
11
12

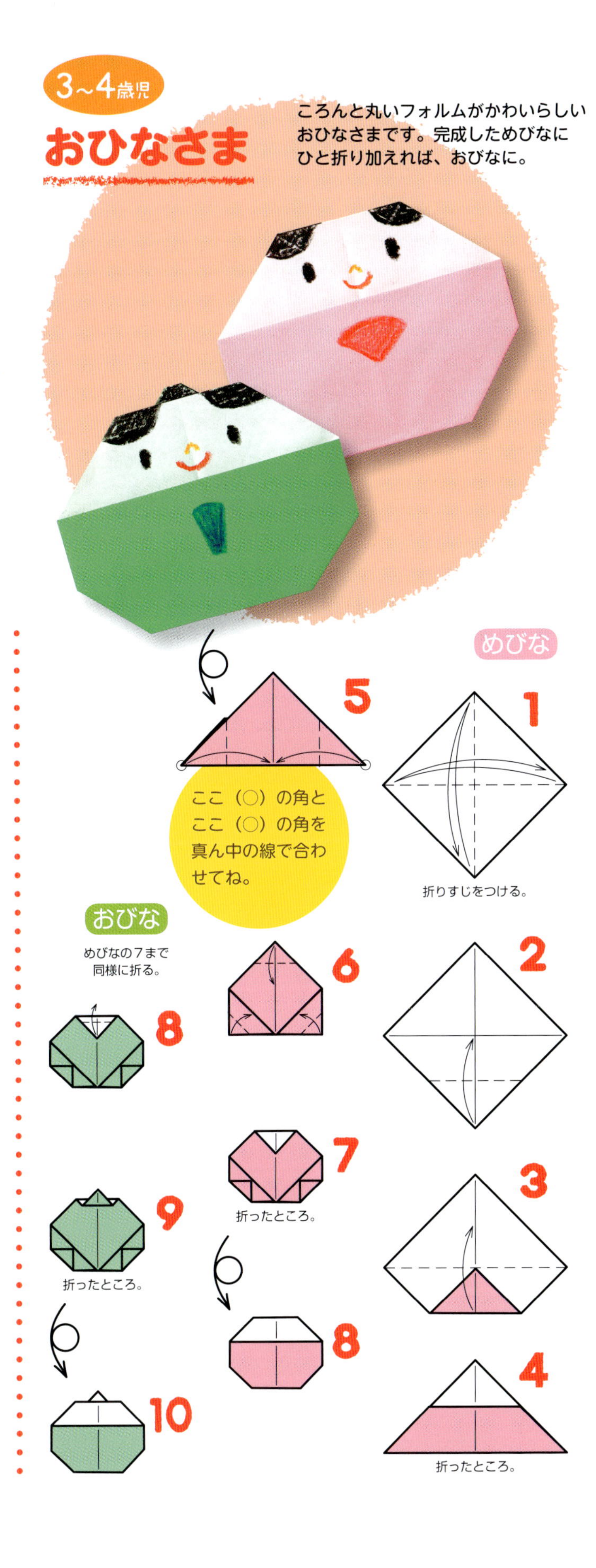
3~4歳児
おひなさま
ころんと丸いフォルムがかわいらしい
おひなさまです。完成しためびなに
ひと折り加えれば、おびなに。
めびな
1
折りすじをつける。
2
3
4
折ったところ。
5
ここ（◯）の角と
ここ（◯）の角を
真ん中の線で合わ
せてね。
6
7
折ったところ。
8
おびな
めびなの７まで
同様に折る。
8
9
折ったところ。
10

4～5歳児 のてんとうむしを使って

しあわせを運ぶ てんとうむし

飾りがゆらゆら揺れて、春風を感じられる入り口飾り。
まわりにちりばめる花を淡い色にすれば、
子どもたちの作品が主役になります。

Point

- ハニカムシートで作ったボールをアクセントに吊るして、ボリュームアップ。
- カールさせた紙テープやリボンをプラスすれば、さらに華やかな印象になります。

4~5歳児

てんとうむし

折り幅によって個性が出る作品。
表情や模様を描いて、
かわいらしく仕上げましょう。

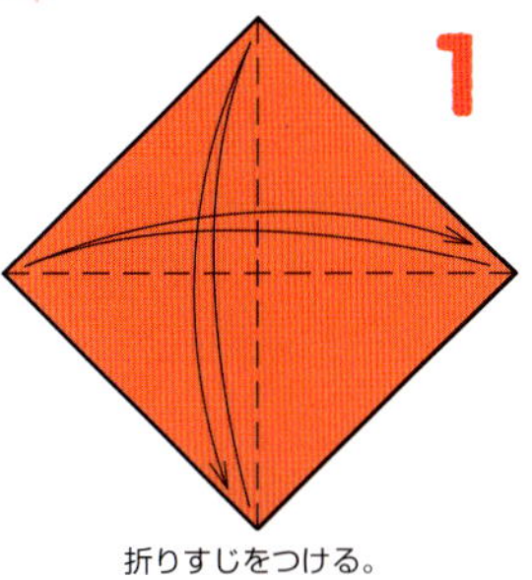

1 折りすじをつける。

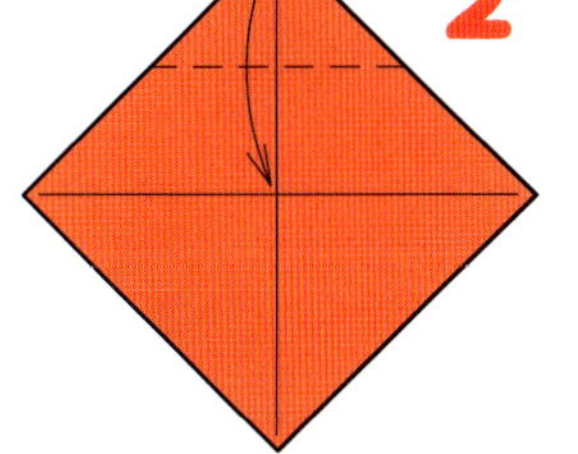

2

3

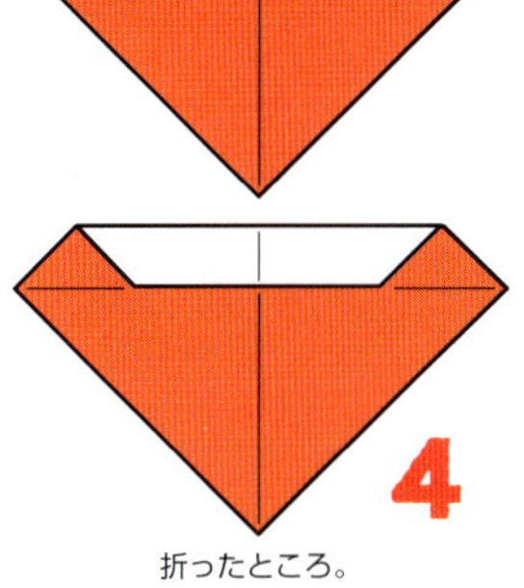

4 折ったところ。

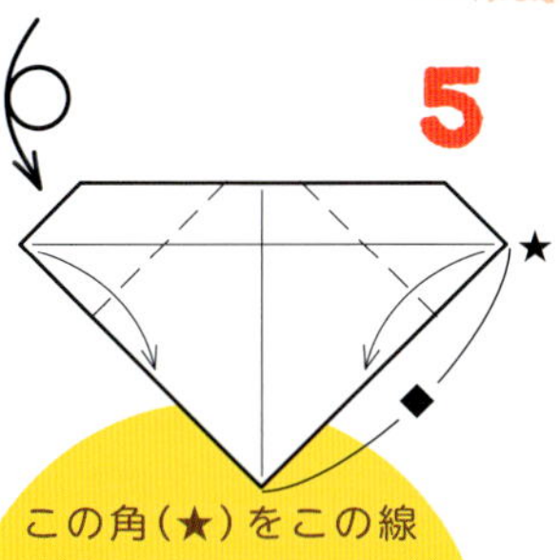

5

この角（★）をこの線（◆）に合わせるように折ってね。反対側も同じように折るよ。真ん中に少し間をあけておいてね。

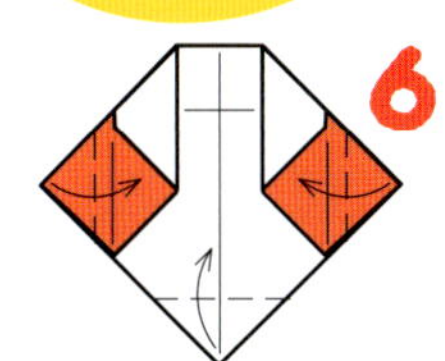

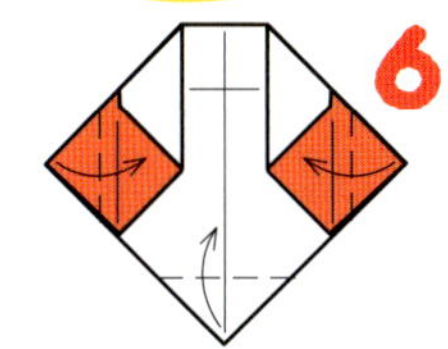

6

7 折ったところ。

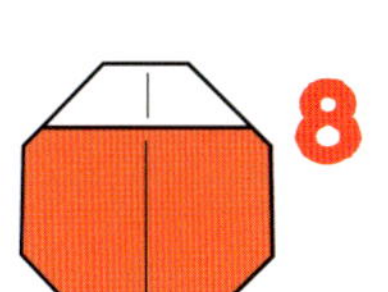

8

3~4歳児

てんとうむし

子どもたちに人気のてんとうむし。
チャームポイントの羽は、
真ん中で２枚に分かれて本物そっくり。

1 折りすじをつける。

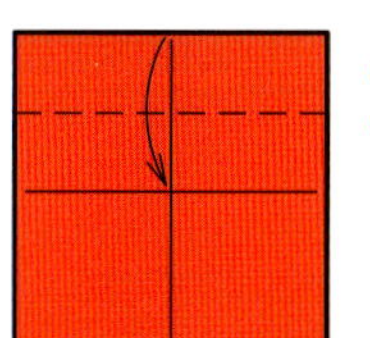

2

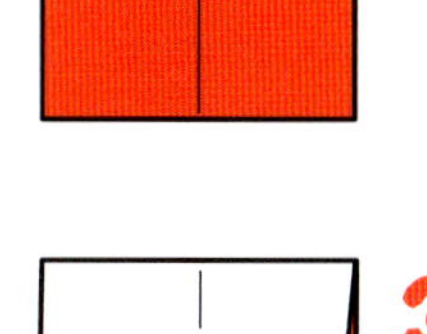

3 折ったところ。

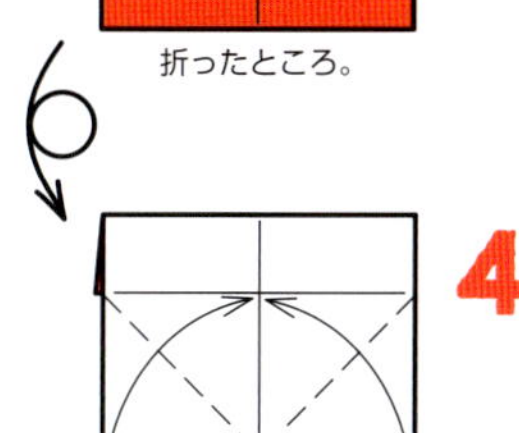

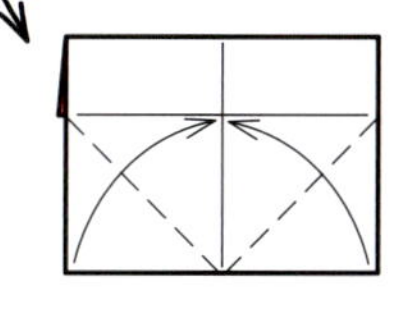

4

5 赤いところに少しかぶせるように折る。

白い長四角を赤いところにちょっぴりかぶせるように折ってみてね。

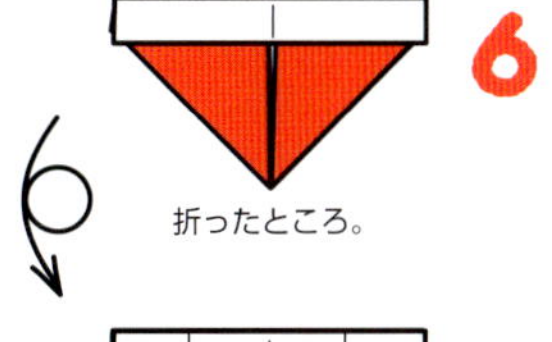

6 折ったところ。

7

8

9 折ったところ。

10

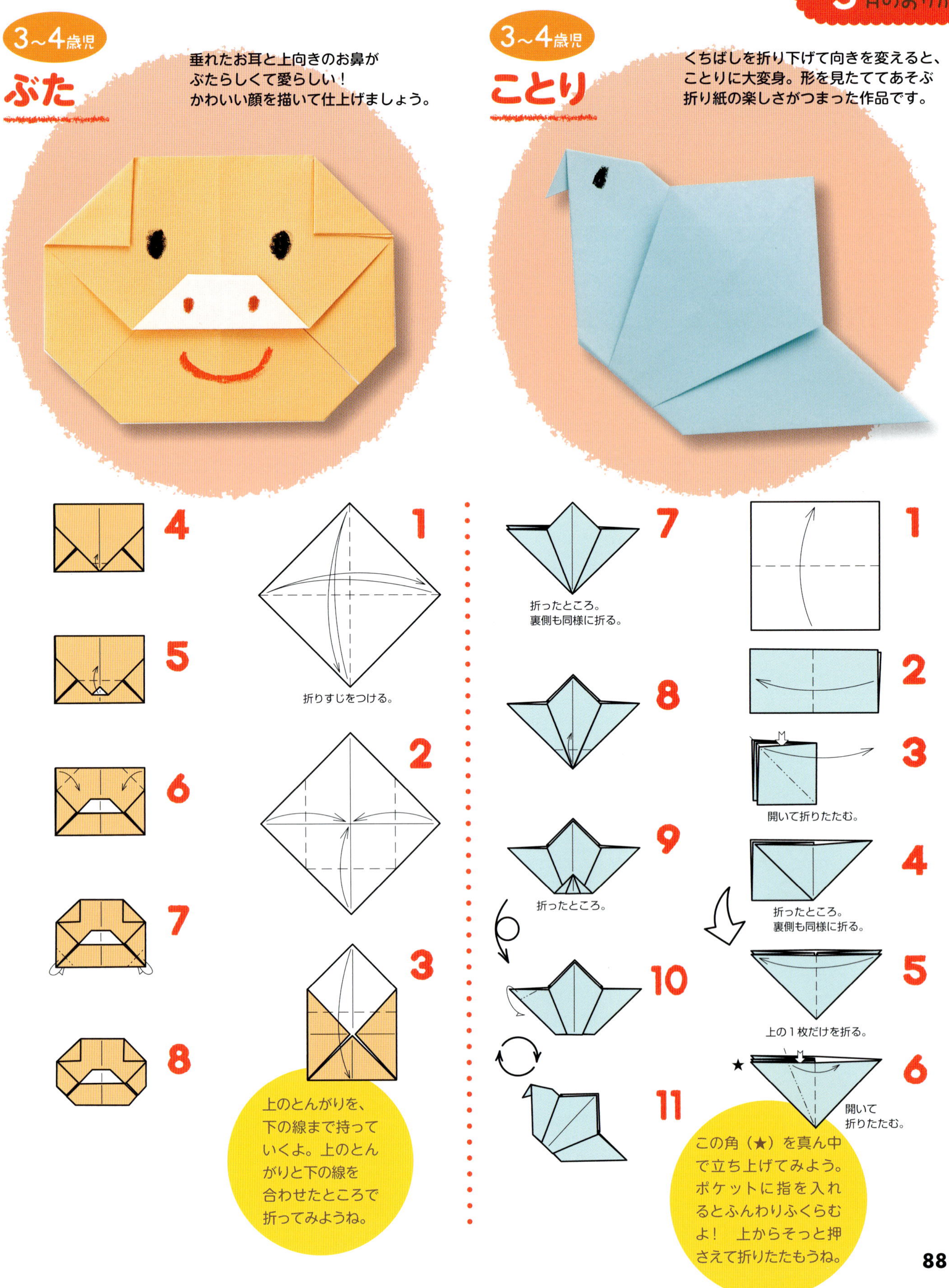
3～4歳児
ぶた
垂れたお耳と上向きのお鼻が
ぶたらしくて愛らしい！
かわいい顔を描いて仕上げましょう。
1
折りすじをつける。
2
3
上のとんがりを、下の線まで持っていくよ。上のとんがりと下の線を合わせたところで折ってみようね。
4
5
6
7
8
3～4歳児
ことり
くちばしを折り下げて向きを変えると、
ことりに大変身。形を見たててあそぶ
折り紙の楽しさがつまった作品です。
1
2
3
開いて折りたたむ。
4
折ったところ。
裏側も同様に折る。
5
上の１枚だけを折る。
6
開いて
折りたたむ。
この角（★）を真ん中で立ち上げてみよう。ポケットに指を入れるとふんわりふくらむよ！　上からそっと押さえて折りたたもうね。
7
折ったところ。
裏側も同様に折る。
8
9
折ったところ。
10
11

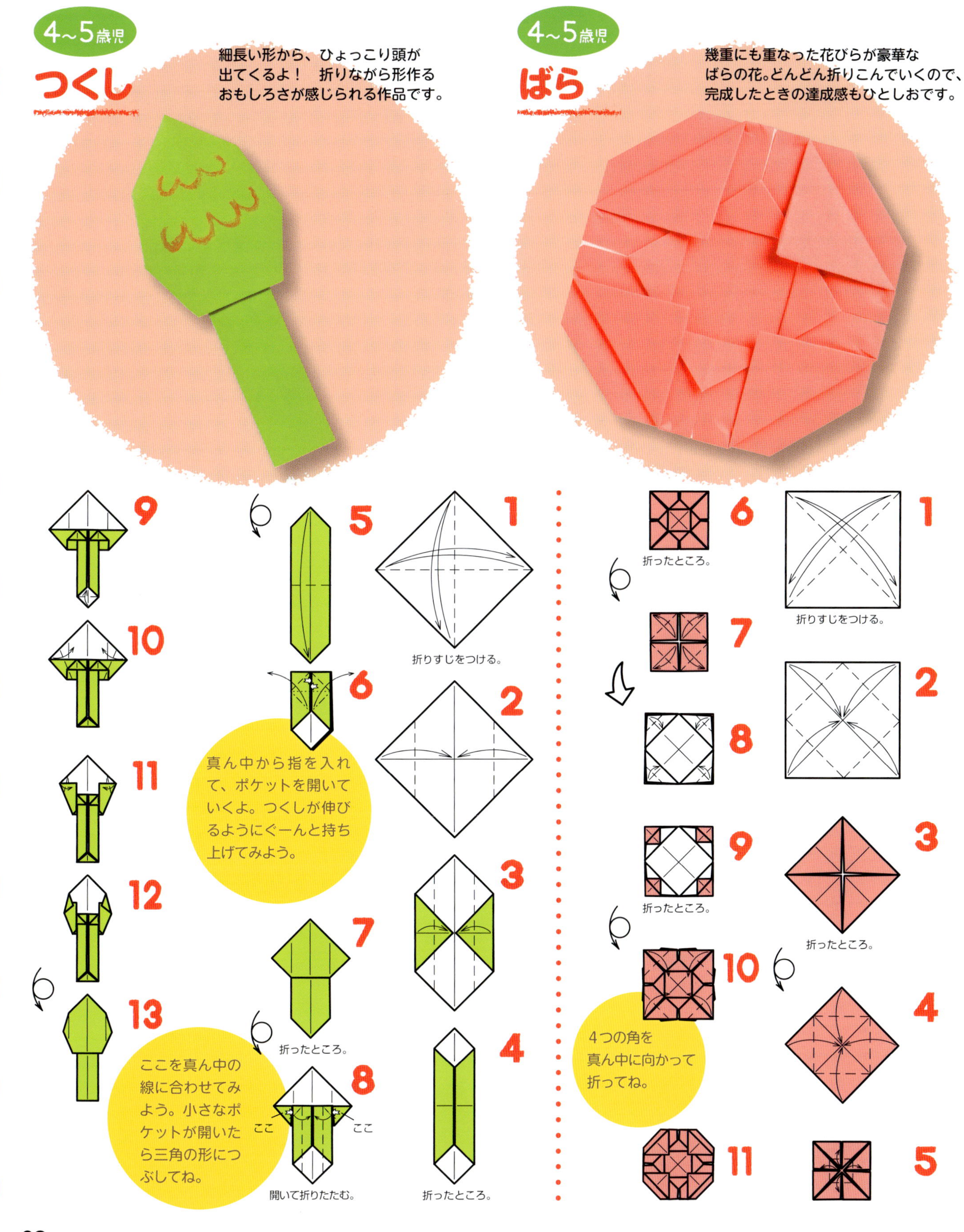
4~5歳児
つくし
細長い形から、ひょっこり頭が
出てくるよ！　折りながら形作る
おもしろさが感じられる作品です。
1
折りすじをつける。
2
3
4
折ったところ。
5
6
真ん中から指を入れて、ポケットを開いていくよ。つくしが伸びるようにぐーんと持ち上げてみよう。
7
折ったところ。
8
ここ
ここ
開いて折りたたむ。
ここを真ん中の線に合わせてみよう。小さなポケットが開いたら三角の形につぶしてね。
9
10
11
12
13
4~5歳児
ばら
幾重にも重なった花びらが豪華な
ばらの花。どんどん折りこんでいくので、
完成したときの達成感もひとしおです。
1
折りすじをつける。
2
3
折ったところ。
4
5
6
折ったところ。
7
8
9
折ったところ。
10
4つの角を
真ん中に向かって
折ってね。
11

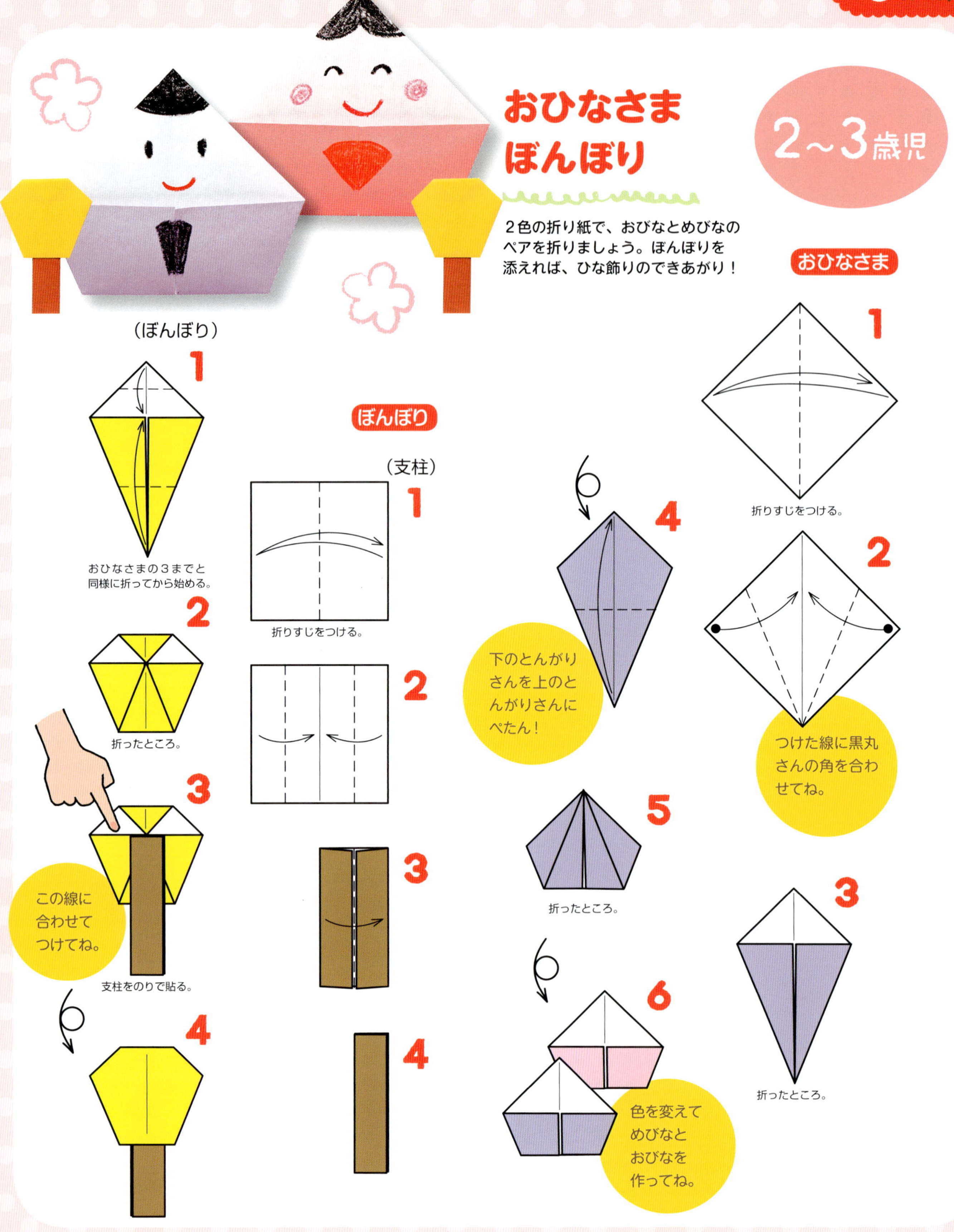

おひなさま
ぼんぼり
2～3歳児
2色の折り紙で、おびなとめびなのペアを折りましょう。ぼんぼりを添えれば、ひな飾りのできあがり！
おひなさま
1
折りすじをつける。
2
つけた線に黒丸さんの角を合わせてね。
3
折ったところ。
4
下のとんがりさんを上のとんがりさんにぺたん！
5
折ったところ。
6
色を変えてめびなとおびなを作ってね。
ぼんぼり
（ぼんぼり）
1
おひなさまの３までと同様に折ってから始める。
2
折ったところ。
3
この線に合わせてつけてね。
支柱をのりで貼る。
4
（支柱）
1
折りすじをつける。
2
3
4

すぐに かわいく 作れる コピー用型紙集

型紙コピーの倍率計算ツールを使うと便利です。

山折り　谷折り
切り込み　のりしろ

P.6 チューリップ畑に春がきた♪

チューリップの作品を使って

4～5歳児　3～4歳児

●コピー型紙をご利用になる際には、このメッセージが見えるようにしっかり開くと、きれいにコピーをすることができます。

●コピー型紙をご利用になる際には、このメッセージが見えるようにしっかり開くと、きれいにコピーをすることができます。

P.8　青空の下でいちごつみ

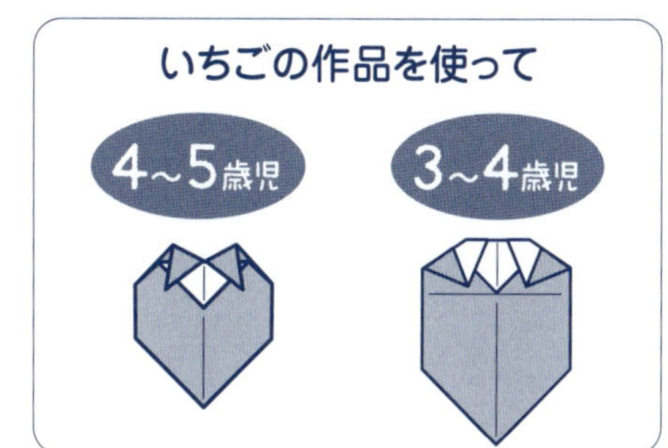

いちごの花

うさぎ

いちごの葉

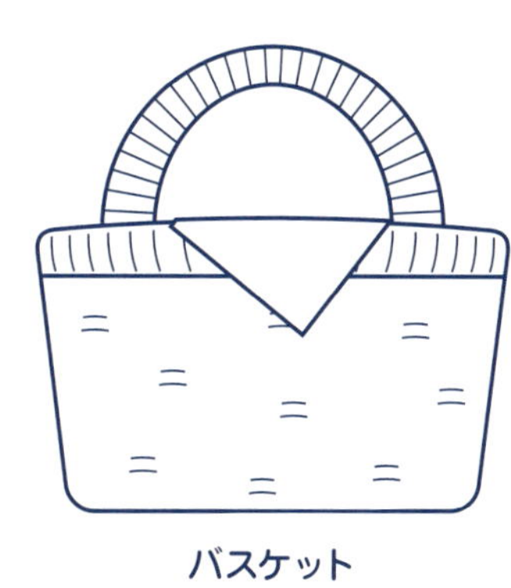

バスケット

●コピー型紙をご利用になる際には、このメッセージが見えるようにしっかり開くと、きれいにコピーをすることができます。

●コピー型紙をご利用になる際には、このメッセージが見えるようにしっかり開くと、きれいにコピーをすることができます。

P.14 スイスイ七色こいのぼり

こいのぼりの作品を使って

4~5歳児

3~4歳児

とりA

とりB

しょうぶ

くま

こいのぼりAのうろこ

こいのぼりA

●コピー型紙をご利用になる際には、このメッセージが見えるようにしっかり開くと、きれいにコピーをすることができます。

P.20　かたつむりさん、みーつけた！

※くまは、125％に拡大すると、
ほかとのバランスがとれます。

●コピー型紙をご利用になる際には、このメッセージが見えるようにしっかり開くと、きれいにコピーをすることができます。

●コピー型紙をご利用になる際には、このメッセージが見えるようにしっかり開くと、きれいにコピーをすることができます。

かえる

雲

キラキラ

雨粒

りす

P.22　かさと一緒に雨の日ダンス♪

かさの作品を使って

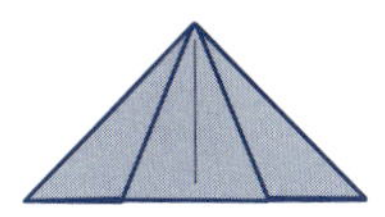

くま

かえるA

ねこ

てるてるぼうず

●コピー型紙をご利用になる際には、このメッセージが見えるようにしっかり開くと、きれいにコピーをすることができます。

P.28　夜空できらめく星降る天の川

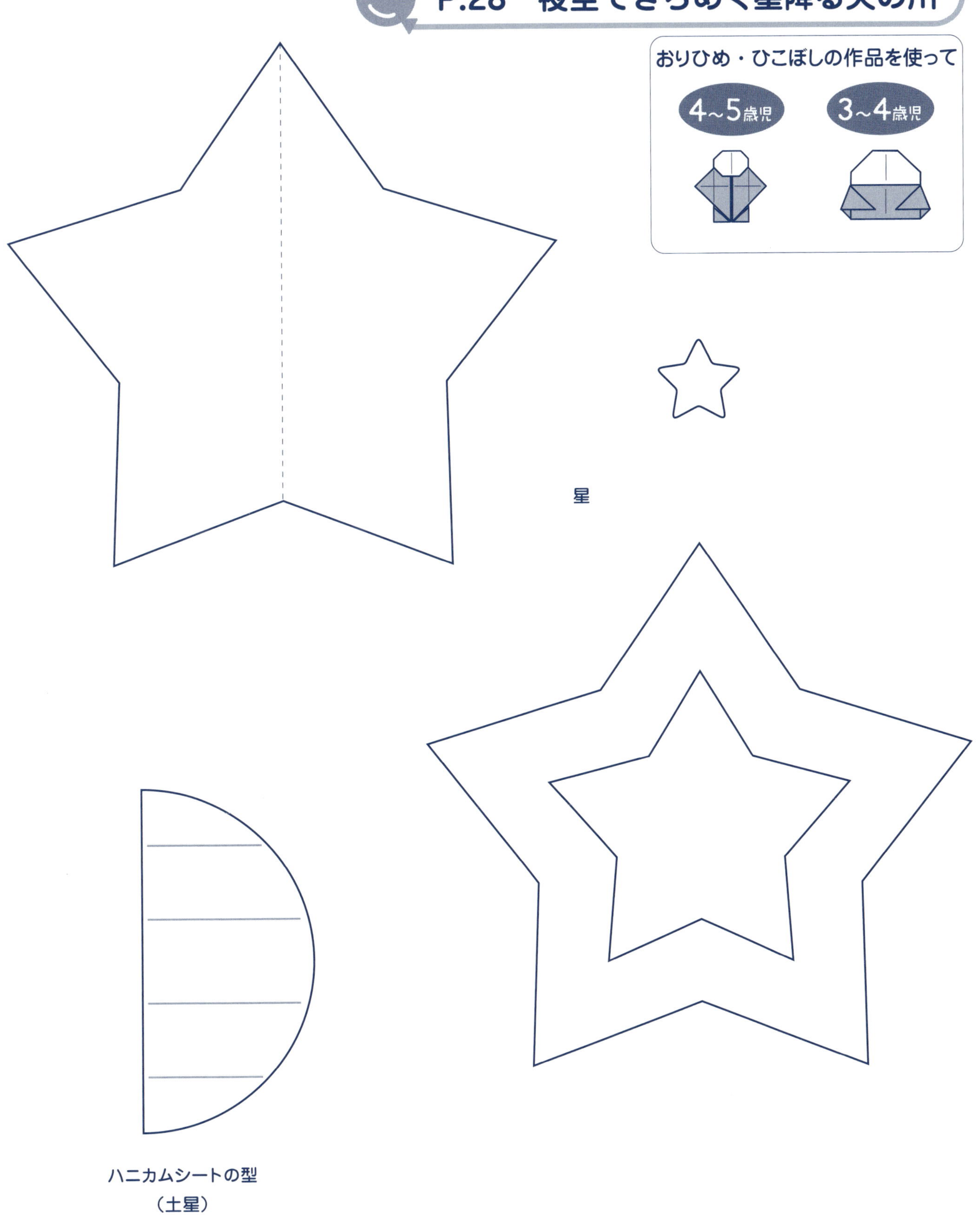

●コピー型紙をご利用になる際には、このメッセージが見えるようにしっかり開くと、きれいにコピーをすることができます。

P.34　ひまわり畑でかくれんぼ

※雲は、220%に拡大すると、ほかとのバランスがとれます。

●コピー型紙をご利用になる際には、このメッセージが見えるようにしっかり開くと、きれいにコピーをすることができます。

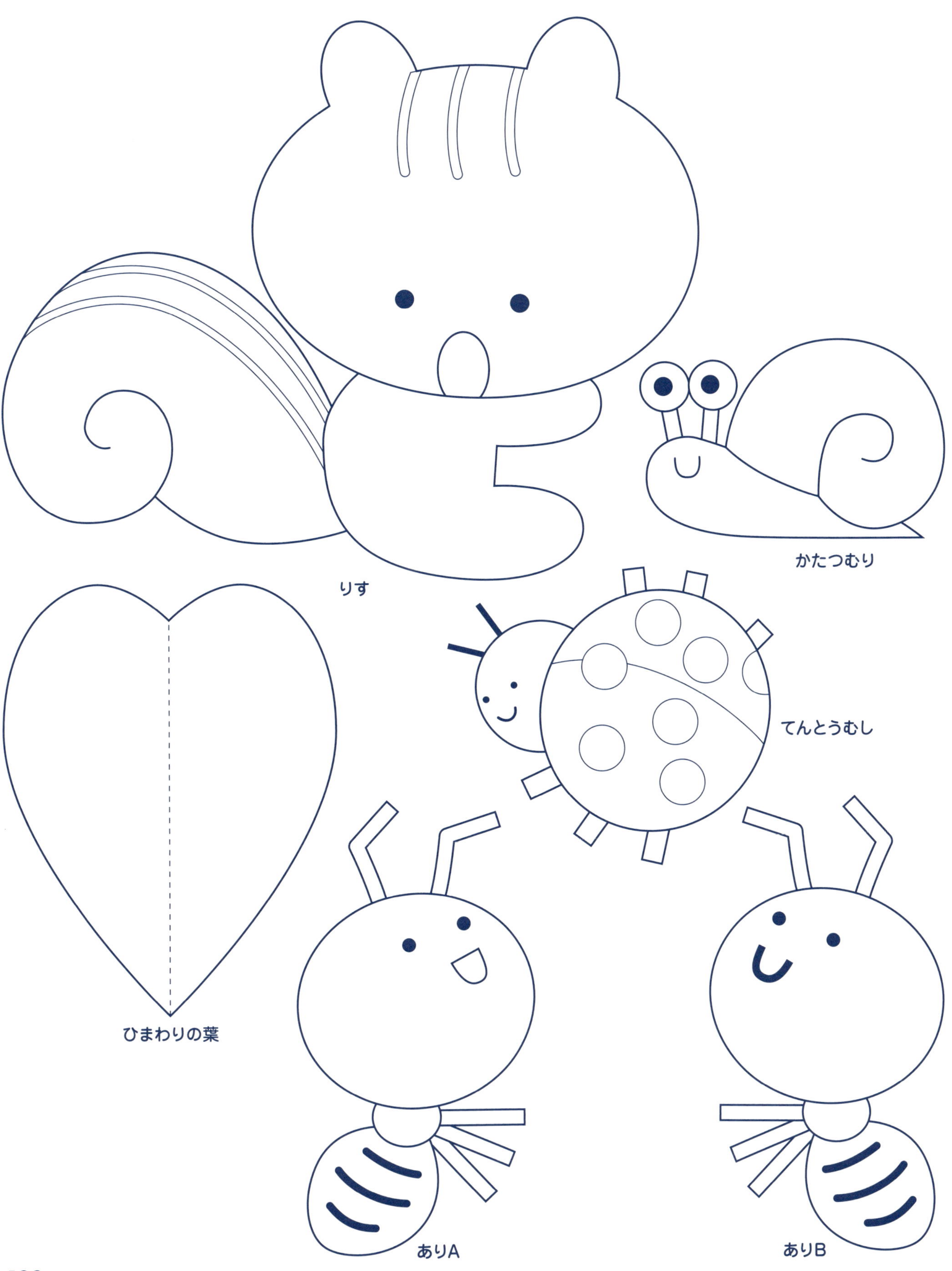

●コピー型紙をご利用になる際には、このメッセージが見えるようにしっかり開くと、きれいにコピーをすることができます。

P.36　おばけがゆらゆら夏の夜

※土台は、300%に拡大すると、ほかとのバランスがとれます。

●コピー型紙をご利用になる際には、このメッセージが見えるようにしっかり開くと、きれいにコピーをすることができます。

P.42　もぎたてぶどうを、ぱくっ！

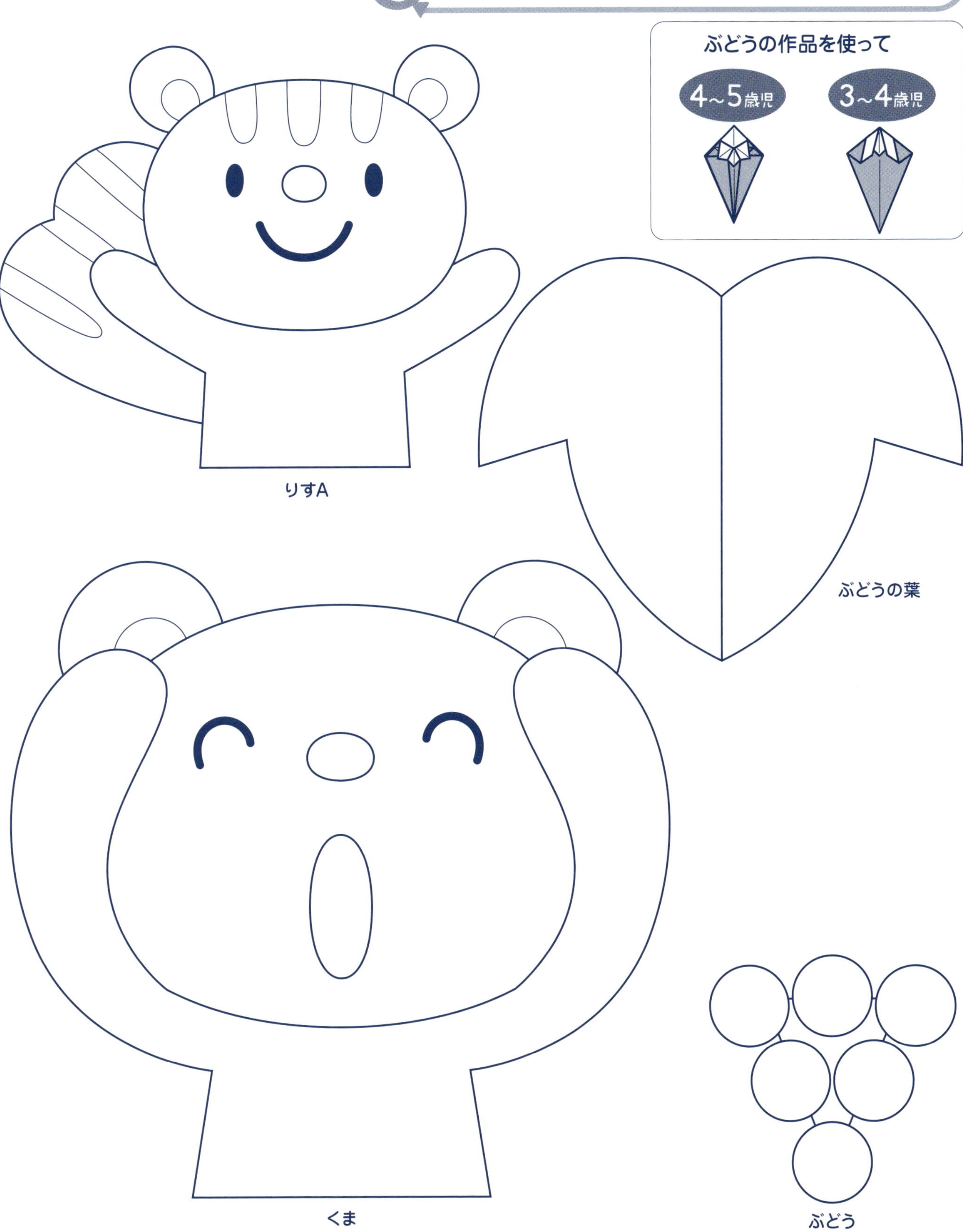

りすA

ぶどうの葉

くま

ぶどう

●コピー型紙をご利用になる際には、このメッセージが見えるようにしっかり開くと、きれいにコピーをすることができます。

●コピー型紙をご利用になる際には、このメッセージが見えるようにしっかり開くと、きれいにコピーをすることができます。

P.48　ぼうしをかぶってハッピーハロウィン！

●コピー型紙をご利用になる際には、このメッセージが見えるようにしっかり開くと、きれいにコピーをすることができます。

●コピー型紙をご利用になる際には、このメッセージが見えるようにしっかり開くと、きれいにコピーをすることができます。

P.50　おしゃれぼうしのどんぐり集まれ！

●コピー型紙をご利用になる際には、このメッセージが見えるようにしっかり開くと、きれいにコピーをすることができます。

※木とかごは、120%に拡大すると、ほかとのバランスがとれます。

P.56　ゆらゆらみのむしの冬支度

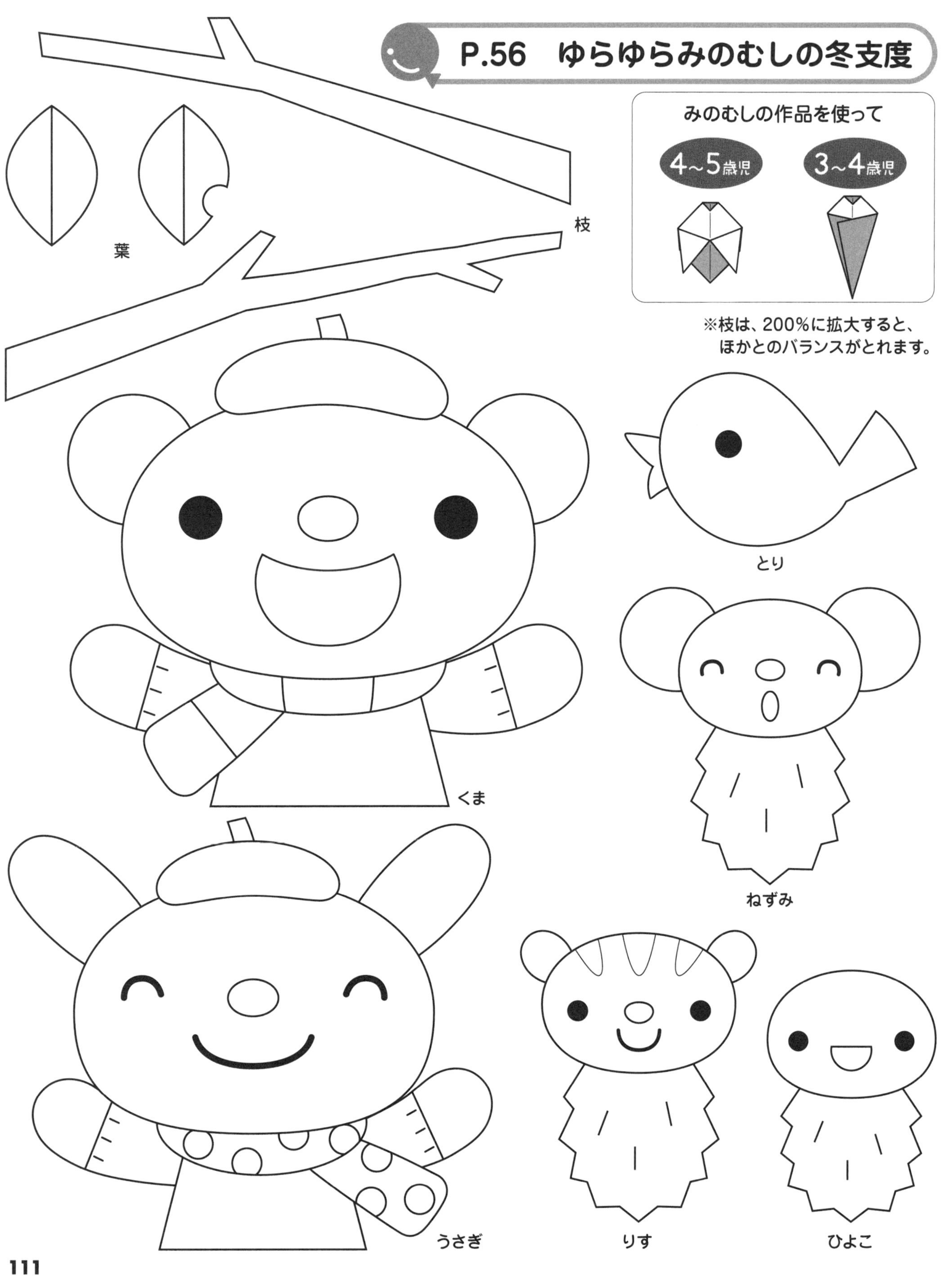

※枝は、200%に拡大すると、ほかとのバランスがとれます。

P.62 サンタツリーでジングル・ベル♪

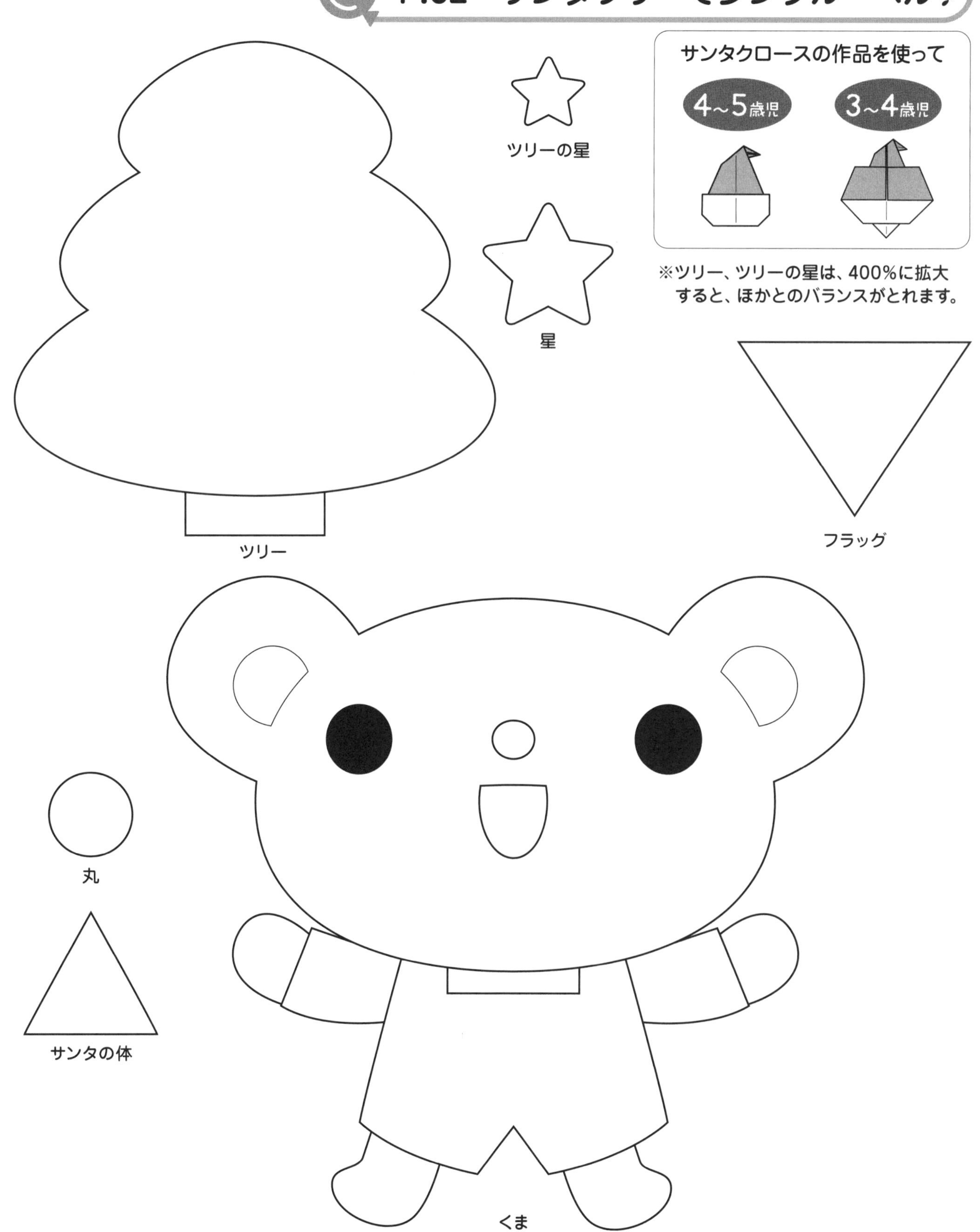

※ツリー、ツリーの星は、400%に拡大すると、ほかとのバランスがとれます。

●コピー型紙をご利用になる際には、このメッセージが見えるようにしっかり開くと、きれいにコピーをすることができます。

ベル

音符

ハムスター

うさぎ

ひよこ

●コピー型紙をご利用になる際には、このメッセージが見えるようにしっかり開くと、きれいにコピーをすることができます。

P.64　ブーツに願いをこめて★

●コピー型紙をご利用になる際には、このメッセージが見えるようにしっかり開くと、きれいにコピーをすることができます。

P.70　ししまいと一緒に新年のお祝い

●コピー型紙をご利用になる際には、このメッセージが見えるようにしっかり開くと、きれいにコピーをすることができます。

P.76　おにさんもなかよく「ふくは～内！」

●コピー型紙をご利用になる際には、このメッセージが見えるようにしっかり開くと、きれいにコピーをすることができます。

P.78　ゆきだるまとキラキラ雪の世界

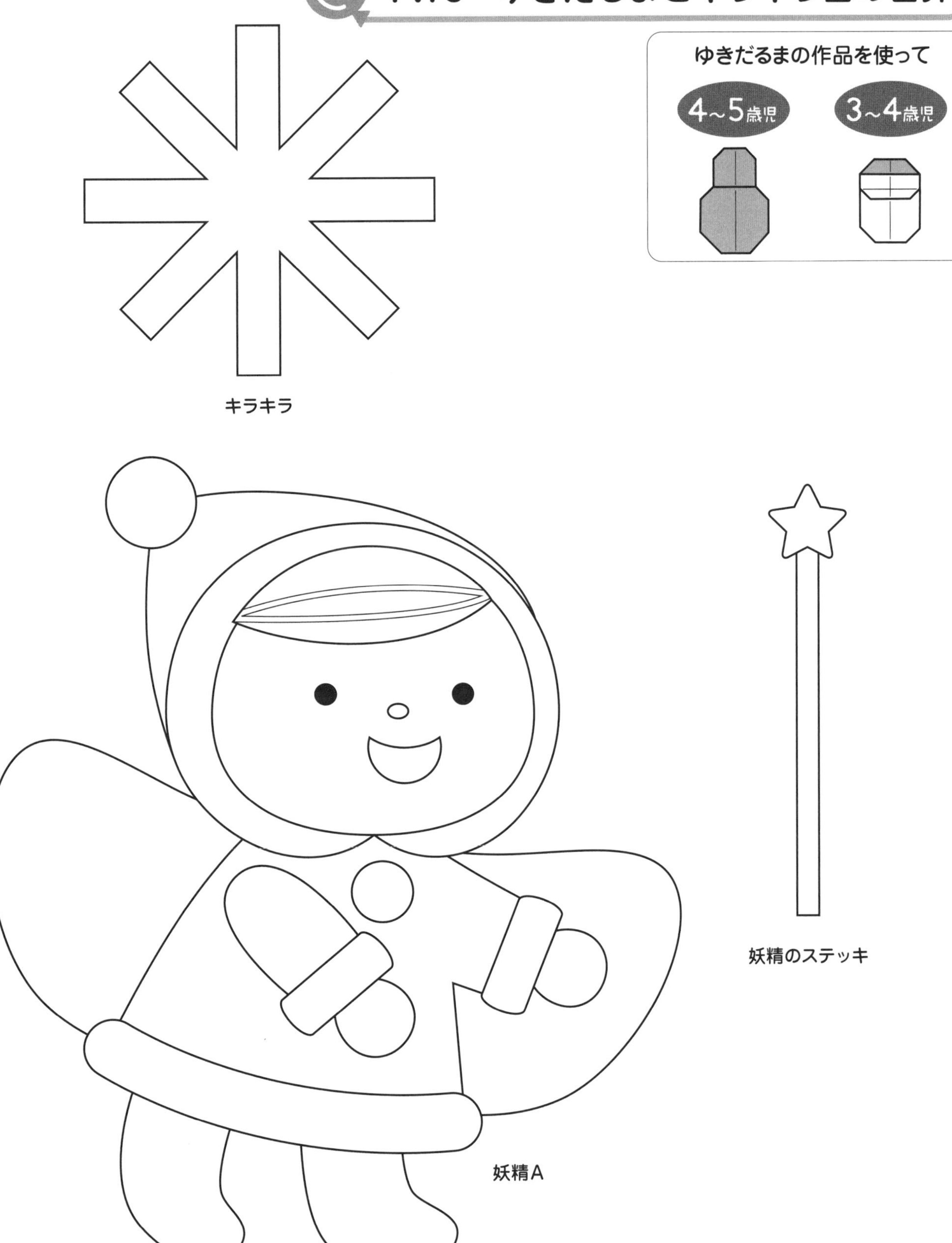

●コピー型紙をご利用になる際には、このメッセージが見えるようにしっかり開くと、きれいにコピーをすることができます。

●コピー型紙をご利用になる際には、このメッセージが見えるようにしっかり開くと、きれいにコピーをすることができます。

妖精B

マトリョーシカA

丸

マトリョーシカB

P.84　桃の花咲くひなまつり

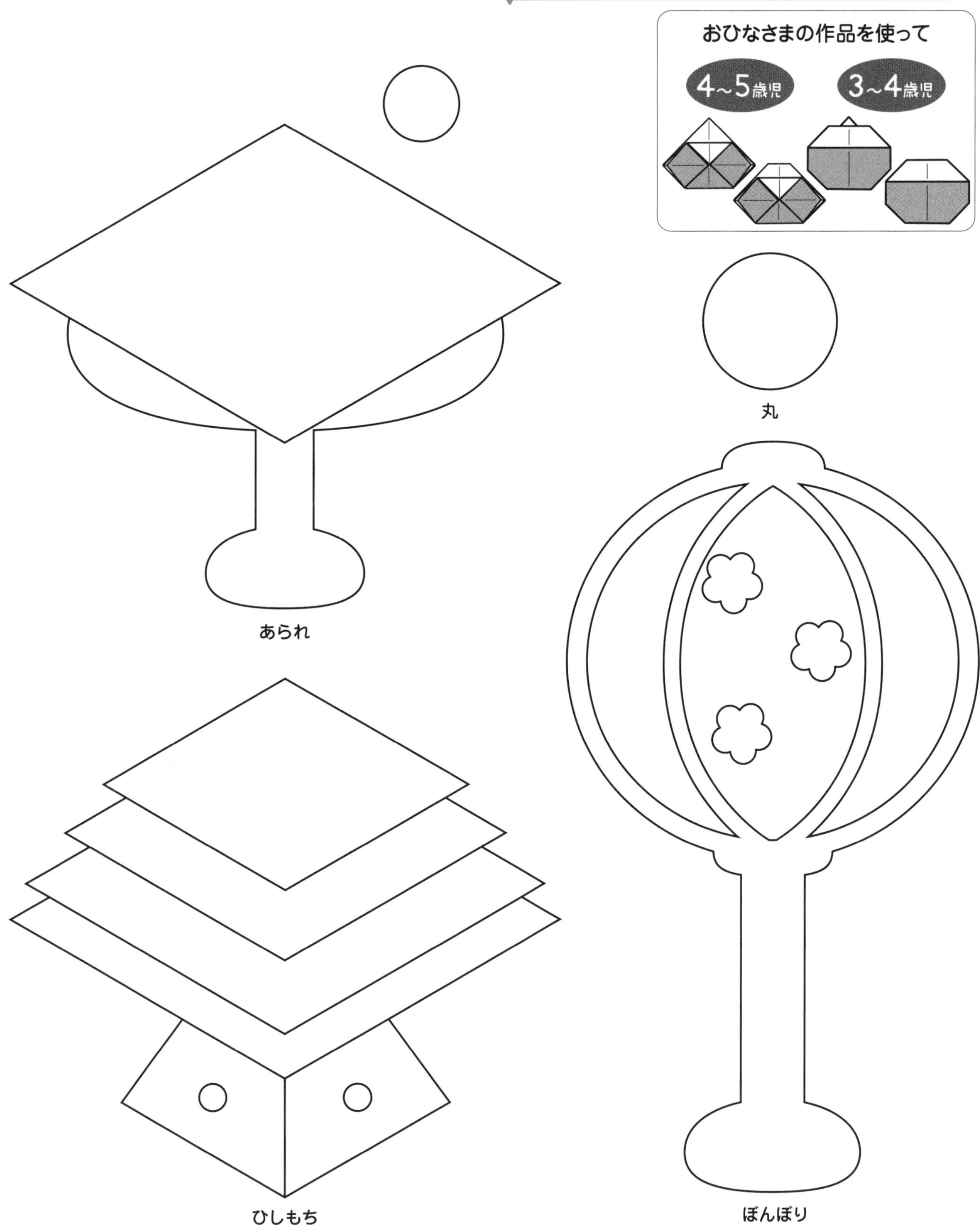

●コピー型紙をご利用になる際には、このメッセージが見えるようにしっかり開くと、きれいにコピーをすることができます。

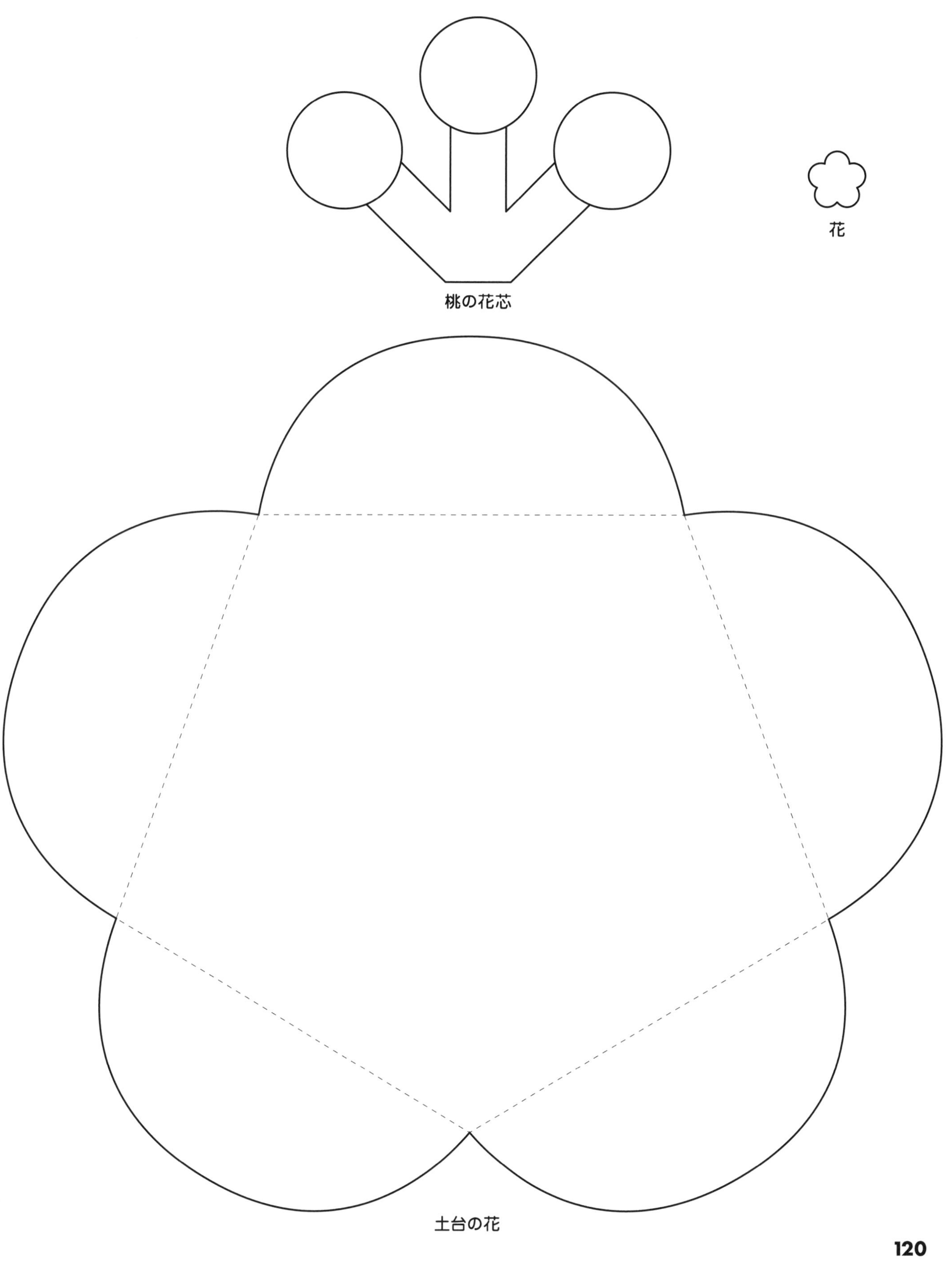

●コピー型紙をご利用になる際には、このメッセージが見えるようにしっかり開くと、きれいにコピーをすることができます。

P.86　しあわせを運ぶてんとうむし

てんとうむしの作品を使って

4～5歳児　　3～4歳児

花

●コピー型紙をご利用になる際には、このメッセージが見えるようにしっかり開くと、きれいにコピーをすることができます。

佐藤ゆみこ

イラストレーター・造形作家。編集プロダクションを経て創作活動を始める。親子であそべる、ほのぼのとした作品作りを信条に幅広く活動中。「PriPri」には長年、創作折り紙と造形作品を提供している。

小倉隆子

日本折紙協会 折紙講師・折り紙国際倶楽部代表。2013年より「PriPri」に2～3歳児を対象とした、創作折り紙のプランを提供。低年齢児にも無理なく折れる、わかりやすいプランが好評。

●折り紙プラン・制作
佐藤ゆみこ　小倉隆子

●部屋飾りプラン・制作・キャラクター
大塚亮子　北向邦子　ささきともえ　佐藤ゆみこ　すぎやままさこ　田中なおこ
千金美穂　福島幸　町田里美　みさきゆい　ミヤモトエミ　本永京子

●表紙イラスト　千金美穂
●表紙デザイン　鷹觜麻衣子
●本文デザイン　鷹觜麻衣子　ニシ工芸
●本文イラスト　大月季巳江　タナカユリ　中山三恵子
●折り図監修・作成　藤本祐子(日本折紙協会講師)
●撮影協力　おおば白ゆり幼稚園(神奈川県)
砧南らる保育園（東京都）
●撮影　磯﨑威志　大畑俊男
久保田彩子・西山 航(世界文化ホールディングス)
●校正　株式会社 円水社
●編集協力　株式会社 童夢
●企画編集　飯塚友紀子　源嶋さやか　岡本名央

PriPri プリプリ ブックス

年齢別 おりがみ12か月

発行日　2016年 3 月10日　初版第1刷発行
2025年 6 月30日　第8刷発行
発行者　竹間 勉
発　行　株式会社 世界文化ワンダーグループ
発行・発売　株式会社 世界文化社
〒102-8192　東京都千代田区九段北4-2-29
電話　03(3262)5474（編集部）
03(3262)5115（販売部）
DTP制作　株式会社 明昌堂
印刷・製本　TOPPANクロレ株式会社

ISBN 978-4-418-16810-1